生活不完美，
希望卻
如花盛放

在混亂與疲憊中，尋得內在的安穩力量

唐娜・阿什沃特
Donna Ashworth 著
呂玉嬋 譯

Wild Hope
Healing Words to Find Light on Dark Days

作者的話

　　我以「希望」為這本書的主題，原因再簡單不過——沒有希望，一切便蕩然無存。

　　希望會悄然浮現，希望會緩緩升起，希望會在最貧瘠的土地上瘋狂生長，或許，它正是生與死之間那道無形的分界線。

　　我們都聽過這樣的故事——人歷經不可思議的困境後，不僅倖存，甚至活得更加出色。細細聆聽他們的旅程，你會在每一個篇章中，找到希望的印記。

　　即便萬物皆逝，希望仍舊存在；它，是一股無形而強大的力量，我們每個人每一天都能從中汲取力量。我用心觀察人們，閱讀他們堅持不懈的故事，從字裡行間，汲取那不斷湧現的希望。在這些文字中，你會發現那些得來不易的啟發，提醒你一個早已領悟的真理——希望，是支撐我們生命的重要力量。希望是光芒，是鑰匙，是生命能量。若有一天，你找不到屬於自己的希望，請隨時放心取用我的。

作者的話　003

CONTENTS

作者的話　002

Chapter 1　在泥濘中扎根，向光而生 ——— 009

希望浮現｜然而，我們仍舊勇往直前｜別弄丟希望｜暗影｜喜悅選擇了你｜風險｜太多的星期天｜理由之季｜放開束縛｜聽尋我的蹤跡｜轉瞬數年｜珍寶環繞｜幫助他人｜被遺忘的肉汁｜你已了然｜不過是一天｜月亮與我｜照片｜相遇皆非偶然｜沒有你｜派對結束後留下的人｜當我的時刻來臨時｜你｜親愛的女兒｜致我的兒子｜當希望渺茫｜巫女之傷

Chapter 2 心如四季，緩緩復甦

春｜夏｜秋｜冬眠｜接住讚美｜當我離去後｜長者的榮耀｜愛的絮語｜企盼｜不請自來的朋友｜就是現在｜一天，並未被虛擲｜是你，或是它｜沉重｜歲月，無法抹去你的美麗｜第一順位｜記憶｜脫水機人生｜光陰難再｜回首｜全心全意｜善用智慧｜只是女人們｜我，就是這樣的女人｜你無法修復他們｜召喚

Chapter 3 穿越星塵，你的光終將抵達

天堂｜隨風而去｜你，就是自然｜謝絕打擾｜十尺之高｜日月的守護｜浪費時間｜請將我寫下｜你即是詩｜覺醒｜大自然的手筆｜由他們去｜今日心願｜你不屬於所有人｜感受你內在的能量｜駕馭焦慮｜且歇息吧｜安息之時，他們仍會記得｜身外之心｜母親節｜付出太多｜無所畏懼的女孩｜男子氣概｜女人都明白｜來自天堂的絲線｜寶盒｜你是……｜太陽底下｜快樂｜支柱｜明智地許願｜邊界｜學會｜心所不欲｜燈塔與礁岩｜繩梯｜星塵｜內心那疲憊的孩子｜歸海

Chapter 4 讓靈魂自由綻放 —— 229

少做一點事｜助人之道｜女性前輩｜天堂的孩子｜太陽｜他們的光，終將找到你｜過客｜荒野｜飛｜魔法｜睡前｜你的故事｜小爭執｜偷走業力的賊｜最好的你｜他們此刻的平靜｜來，與我同坐｜我愛的是你的古怪｜自由綻放的希望｜愛，先來了｜沒有你的日子｜亮出你的牌｜善良｜你的那件事｜野性之子｜摯友｜昨日的垃圾｜小手指｜你的天空｜人群中的太陽｜為他們吸一口氣｜姊妹情誼｜未說出口的愛｜生命與死亡｜不為人知的光采｜讓你的傷口癒合｜你擁有的｜堅持｜別讓憂慮伴你入夢｜這塊岩石｜我真心希望

後記 328　　　　　　謝詞 329

Chapter 1

在泥濘中扎根，向光而生

當生命被拋入荒蕪
我們仍有向光而生的本能
寫給每個在暗影中奮力扎根的靈魂
我們將學會接納破碎
並在最深的困頓中
找到那份足以撼動一切的希望

希望浮現

　　希望悄然浮現，當註定沉沒的船隻被拖向深淵；希望緩緩升起，當萬物淪陷；希望能翱翔，縱然沒有翅膀；希望有動力，即使沒有引擎。希望不需要光，也不仰賴氧氣，在幽暗中，甚至愈發堅韌茁壯。希望，是那顛覆統計數據的奇蹟，是統計數據無法解釋的那百分之一。它無須依賴機率，它超越事實，僅憑意志而生。希望是信念與靈魂之間的橋樑，是相信未來必定會變好的力量，是太陽必將再次升起的期盼，是終點不等於結束的可能。希望札根於泥濘，隱匿於困境，甚至在空無一物的荒原上，也依然能夠綻放。

　　希望，如同魔法，而最奇妙的是，希望無須任何代價——只要你願意出聲呼喚，它便會靠近。希望浮現了，朋友，當你無力游向前方時，請緊緊抓住它。

然而，我們仍舊勇往直前

然而，我們仍舊勇往直前
這句話，蘊含無窮力量

明知終將再次破碎
一次又一次心碎之後
我們依然一次又一次地重建
即便失落
即便深知痛苦不會消逝
我們依然選擇去愛

我們孤身奮力前行
卻總在途中停下腳步
為了扶持他人站起
為了得見更光明的日子

無論我們經歷過什麼
無論我們曾多麼猛烈地
撞向生命的礁岩

我們被沖刷上岸
我們淚流滿面
我們向天空吶喊
我們放下過往
我們稍作歇息
我們拂去身上的塵埃
我們抖落一身疲憊

我們仍舊勇往直前⋯⋯

別弄丟希望

　　把希望放在一個安全的地方,但別藏得太深,讓自己再也遍尋不著。只要一個尋常、安全的地方就好,比如車鑰匙旁。把希望放在那裡,這樣,每次出門時,你都會看到希望閃閃發亮,你就不會忘記帶上它。如果你小心對待希望,就再也不會失去它,你也不會再陷入無助與麻木的陰

霾，讓靈魂被冷漠和空虛吞噬。沒有車鑰匙，你哪裡也去不了；沒有希望，人生也同樣無法前進。希望是你生命的引擎、方向盤，是你生命的力量。好好保管它，別失去希望，把它和你的鑰匙放在一起──你比你所以為的，更需要它。

暗影

我們都曾於深夜驚醒
驀地墜入恐懼深淵
面對潛藏於房間角落
那道沉鬱不祥的暗影
頓感恐懼

心跳聲在耳際迴盪
我們慌亂地摸索
燈光亮起的瞬間,才發現——
那不過是椅背上
隨意擱置的衣物

人生,亦是如此

試著照亮內心深處
無光的角落吧

再仔細瞧瞧
你畏懼踏入的角落
當光芒灑落其上
其實並不可怕
當你釋放熾烈的光芒
那些暗影,再也無法施展任何力量

照亮它們吧,朋友
照亮那些暗影
讓光灑落
將它們徹底驅散
永不復返。

喜悅選擇了你

喜悅的到來，從不伴隨著號角齊鳴
也不會沿著鋪滿完美人生花朵的紅地毯
隆重登場

當你倒著咖啡
瞥見陽光恰好落在
你最喜愛的那株樹上
喜悅，便悄悄來了

然而，你將喜悅拒之門外
因為你自認還沒準備好迎接她
屋子太亂
怎能接待這名貴客？

但,你知道的啊——
喜悅不在乎你的屋子是否整潔
不在乎你的存款
更不在乎你的腰圍

喜悅總是悄悄來了
穿過你不完美生活的縫隙,悄然溜進
這,就是喜悅

你無法主動邀請喜悅上門
你唯一能做的
就是在她現身時,做好準備
用心擁抱她
因為就在這一刻
喜悅,選擇了你。

風險

相信明天
必然會來
是我們所犯的最大錯誤

未曾將每一天
視為禮物珍惜
是我們所冒的最大風險

去做吧，做讓你快樂的事
全心全意去愛吧，愛你所愛的人

說吧
說出那句心底話
行動吧
乘著海浪
穿越風暴

接納黑暗
光明，終究會到來

這一切，正是人生的縮影
生命，本就如此
既編織美好
也充滿挑戰
就讓我們坦然迎接一切吧

相信明天
必然會來
是我們所犯的最大錯誤

未曾將每一天
視為禮物珍惜
是我們所冒的最大風險。

太多的星期天

　　太多的星期天，被星期一的陰影所籠罩，宛如一片恐懼、焦慮和壓力所集結的烏雲，籠罩而來。然而，星期天是你的贈禮，是你充電的好日子，是屬於自由的時光，所以，請好好守護這段時光。星期一有它自己的位置，別讓它越了界；做好規劃，充分準備，把星期一推回它的專屬空間，讓你的星期天像璀璨的寶石般閃耀。

　　這是你值得擁有的一天，讓靈魂得到真正的休息。生活不是必須應付的苦差事，它是為了享受而存在。朋友，你來到這個世界，就是為了活得精采。星期天，是一份珍貴的禮物，盡情去做你渴望做的事吧！

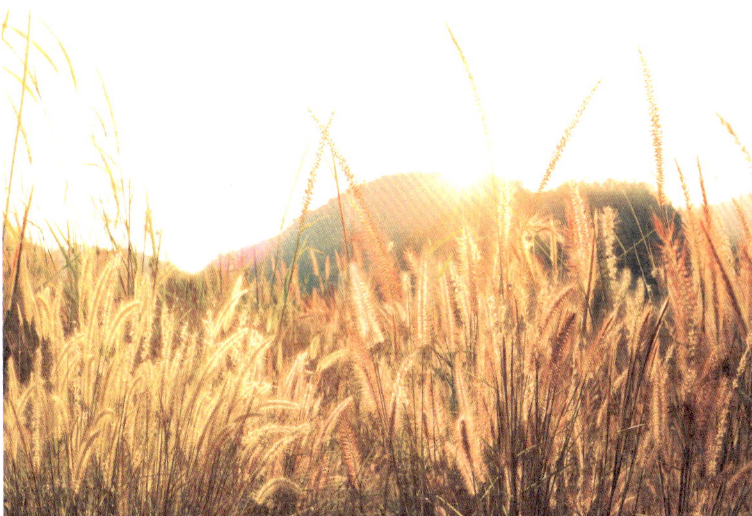

理由之季

那些關於「友誼決裂」的書
能在哪裡找到？

能帶你走出困惑和心碎的自我療癒手冊
又該去哪裡
尋覓？

哪裡有歌
有詩
有能撫平傷口的文字？

如果你曾經歷
一定能懂——
關係破裂帶來的痛楚

那種不知究竟是哪個環節

出了差錯的折磨
那種無法為逝去的愛
奮力一搏的挫敗

那些關於「友誼決裂」的書
能在哪裡找到？

人們總說，相遇皆有其理由
或為短暫的季節
或為一生的相伴

但，偶爾
那個「原因」，你可能永遠不會知道
那段季節
卻永遠烙印在心
成為一生美好的追憶。

放開束縛

　　別害怕孤單,直到你找到能夠接納完整的你的人;他們不會把你當成獎盃捧在手心,而是真心珍惜你的存在。生命如此珍貴,怎能浪費在一個凌亂、片段、扁平的自己身上?花點時間,去擁抱你所有的樣貌——凌亂的、真實的、喧鬧的、快樂的——然後,勇敢地走出去,理直氣壯地佔

據一方空間,別為展現真實的自己感到抱歉。

　　請鬆綁自我,朋友,放開束縛吧!直到你驕傲而真實地全然展現自己,你的人生才算真正活過。所以,你,就做你自己,只有你能夠做到。

聽尋我的蹤跡

在音樂裡,聽尋我的蹤跡
在我們珍愛的旋律裡
我會設法讓它響起
讓你感受——我與你在一起

每一句歌詞,都將撫慰你的心
擁抱你疲憊的靈
每一個字,都是我精神的傳遞
讓你更加堅毅

在音樂中,在大自然的旋律裡
聽尋我的蹤跡
鳥兒會吟誦我的情意
齊聲附和著愛的絮語

當你走過
風會輕撫樹林
倘若你仔細聆聽
我的心,就在每一聲嘆息裡

聽尋我吧,我的愛
我會用千言萬語
在你耳畔低聲呢喃
我未曾遠離。

轉瞬數年

總有一天
當你回首凝視你的孩子
映入眼簾的
已是一位成熟的大人

那一刻
你將滿心訝異
因為你終於明白
自己不過是守護著他們
直到他們學會飛翔
振翅而去

回首過往
當你被日復一日的育兒瑣事
消耗殆盡時

你曾以為,這樣的時光
叫做永恆

然而,我們都知道
世上沒有真正的永恆

轉瞬數年
你以孩子的模樣認識他們
倘若幸運
在漫長的歲月裡
你也將見證
他們大人的模樣

能細細品味
就細細品味吧
這轉瞬即逝的數年。

珍寶環繞

美麗，未必換來青睞
富裕，也可能無故悲哀
每個人都有自己的歡笑與傷懷
見證季節的更迭與徘徊

華屋，難免風雨摧殘
名牌皮包，未必歷久彌堅
嶄新汽車，不過駛向相同終點
一件毛衣，無論新舊，都能讓你溫暖

擁有六塊腹肌的身體，也會歷經波瀾
金錢，無法令時光倒轉
房子，不過是房子
唯有洋溢著愛，才是心靈停泊的港灣

愛你所擁有的，你便會擁有你所愛的
這，正是通往幸福人生的訣竅
善待你的生命，生命便會回以溫柔擁抱
環顧四周吧，你早已被珍寶環繞。

融入群體,需要勇敢;
但真正的勇敢,是選擇做自己。

Your battle to fit in was brave,
but I hope you see
that accepting you were never supposed to
is much braver.

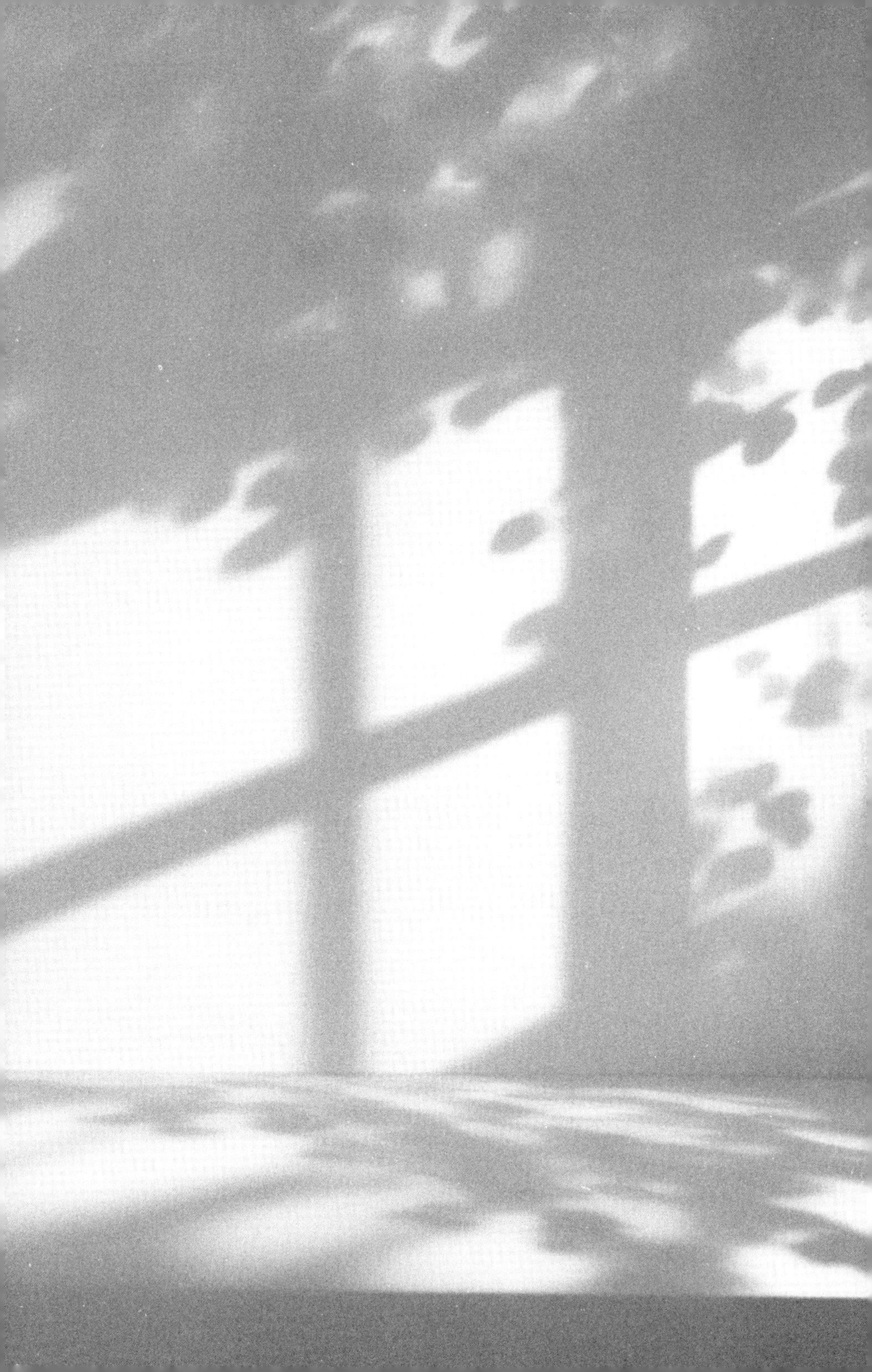

幫助他人

　　在那些你受困卡關的日子,當你看不清自己是誰,也絲毫沒有前進的動力時,去幫助另一個人吧!無論是多麼簡單或多麼冒險的事情都可以,請找找需要幫助的人。

　　當你伸出援手的同時,一件奇妙的事情就此發生:你的注意力,將由內心的煩亂轉向外界;你的心,從冷漠變為同理;你的靈魂,也從停滯中獲得解脫,開始投入有意義的行動。當你忙著幫忙他人解決困難時,不知不覺間,你已經讓自己變得更有價值,焦躁不安的思緒也逐漸被平靜所取代。這一刻,你真正的頭腦,你真實的心靈,已經自行再次啟程了。當你無法幫助自己時,就去幫助他人吧!

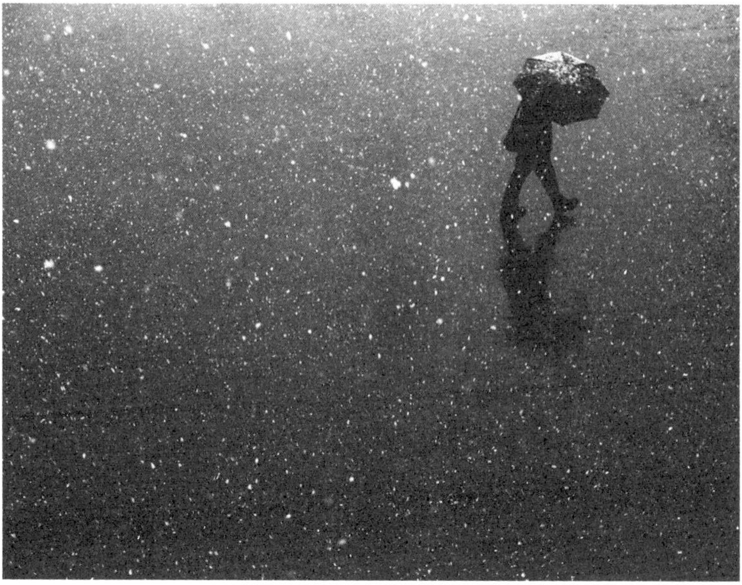

被遺忘的肉汁

我喜歡風格雜亂的房間
親手製作的裝飾
和那些訴說著過往故事的小玩意

我珍惜臨時起意的聚會
隨興準備的食物
份量卻總是剛剛好

「喔,這沒什麼」
隨著這句話遞出的禮物
我看見其中深藏的心意
那是送禮者對你
難以言喻的深厚情感

我同等重視那些安靜的片刻
當燈光只為自己私密地閃爍

也重視那些喧鬧的場合
當笑聲滿溢整個屋舍

而對於那些燒焦的紅蘿蔔
被遺忘的肉汁
失敗的甜點
更是情有獨鍾

因為,愛
就存在於不完美中
於混亂裡
於真實的片刻

愛,藏在被遺忘的肉汁裡
去尋找它吧!

休已了然

你不必為過去的自己辯護
那時的你，懵懂無知
如今的你，了然不惑
當時的你，已傾盡所有
盡力而為了

如同生命中的萬事萬物
你不停地進步
你不斷地成長

如果你發現自己
正徒勞地
試圖為過去的你辯護
替其發聲
請停下來
你不必如此

那是你早已分道揚鑣的人
是歷經許多苦痛後
才得以優雅轉身告別的人

如果你生活中的某些人
無法釋懷
那是他們的課題

追趕上你是他們的責任
回頭，卻非你的義務

你不必為過去的自己辯護
那時的你，懵懂無知
如今的你，了然不惑。

願你明白，你此生這場豐盛而斑駁的旅程，
將持續創造深厚的愛──
即使在你遠行之後，依然溫暖人間。

*I hope you know
that this beautifully messy life you are living
will continue to create great love,
even after you leave.*

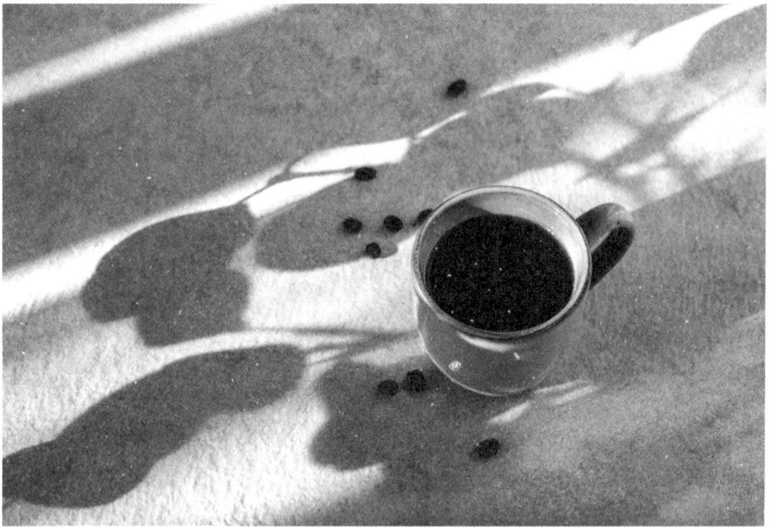

不過是一天

今天或許稱不上特別美好,但也絕對稱不上糟糕,今天就只是平凡的一天。在這二十四小時裡,什麼都會發生一點點——有些時刻充滿困難,有些時刻瀰漫喜悅,有些時刻平靜安穩,還有一些時刻,可能令人疲憊。而你會一一走過,因為你一直都是如此堅韌。朋友,別給自己太大的壓力,不必強求這一天有某種特定的模樣,生活的挑戰已經夠多了。相反,你應該提醒自己,無論發生什麼,你都已經準備好了。最重要的是,你就是自己的後盾。這不過是一天,不過又是一個充滿混亂與無限可能的日子。多麼幸運,我們依然身處其中。

月亮與我

我一向傾心於月亮
而今
甚至與她
締結了不朽的希望盟約

我向她詢問，你過得可好
她告訴我
你很平靜
幸福無憂
她還提醒我
你依然存在於我的骨髓
而她，只是將這份存在反射出來
讓我看得更清楚

於是，我請求她，不要停止
永不停歇

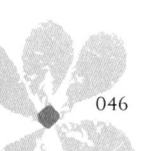

我一向傾心於月亮
而今，當我在夜裡渴望再見你的容顏時
她擁抱著我
我轉而仰望她
她便讓我看到你，我的愛
她將你映照回來

所以我請求她，不要停止
永不停歇

我一向傾心於月亮
而今
甚至與她
締結了一個永恆的希望盟約
一段永恆的記憶

關於你。

照片

你總是避免入鏡,因為太忙了,太疲憊了,或許因為覺得自己當時的臉色不好看。所以,你總是當按下快門的那個人,從不讓自己出現在鏡頭裡,特別是在那些讓人覺得脆弱或自卑的節日裡。然而,有一天,你所愛的人會翻看照片,從中尋找回憶來支持自己。那些照片,無論你當時看起來如何,都註定會變得無比珍貴。而且沒有人,沒有任何一個人,會在意你當時看起來是否光鮮亮麗。

他們真正在意的,非常在意的,是相片裡的人,是你。你的模樣,你的一切,對他們來說,就是那一刻最珍貴的禮物。請入鏡吧,朋友,那些照片,不是為了你而拍。

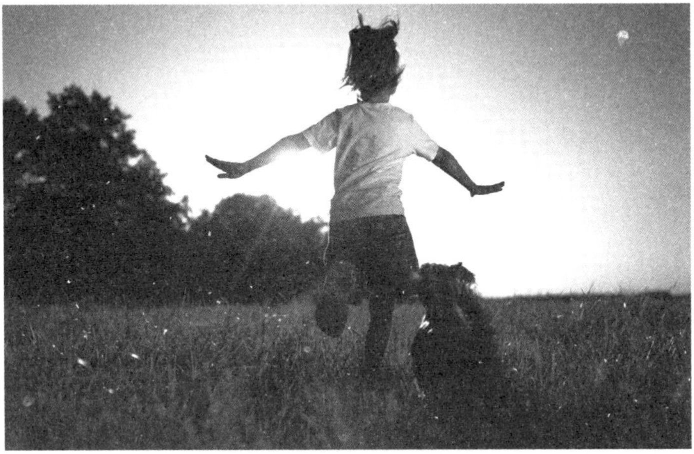

相遇皆非偶然

在這一生中
每起相遇,都不是偶然

有些人被派來
教你何謂愛
有些人被派來
教你什麼「絕非」是愛

有些人被派來
毫無動搖地支持你
而這些人啊
你務必加倍珍惜

也有人被派來
挑戰你的自我價值
千萬別讓他們得逞

有些人離開得太早
卻教會了我們一件事——
活,要活得盡情
活,要活在當下
在每一個瞬間
全心全意去愛

在這一生中
每起相遇,都不是偶然
每個人都帶來了
一份喜悅
一段愛
或一則啟發
請細心留意。

沒有你

沒有你,我該如何活在沒有你的日子裡?
噢,愛人,我無法獨自存活

從睜開雙眼的剎那
到闔上眼的那一瞬間
你始終與我同在
縱使在夢的領域
在靈魂與凡人相會之境
你依然與我同在

沒有你的生活,我還沒學會
或許永遠學不會
因為
你依然,時時刻刻,與我同在

當你的雙足仍踏於塵世
你曾走過一條熾熱光亮的道路
深深刻下的印記，至今未曾抹去
我輕輕落下步履
一步步
踏入你的足跡之中

沒有你，我該如何繼續？
哦，答案很簡單
我無法獨自存活

沒有你的生活，我還沒學會
或許永遠學不會
面對悲傷的解答恐怕是
你依然，時時刻刻，與我同在。

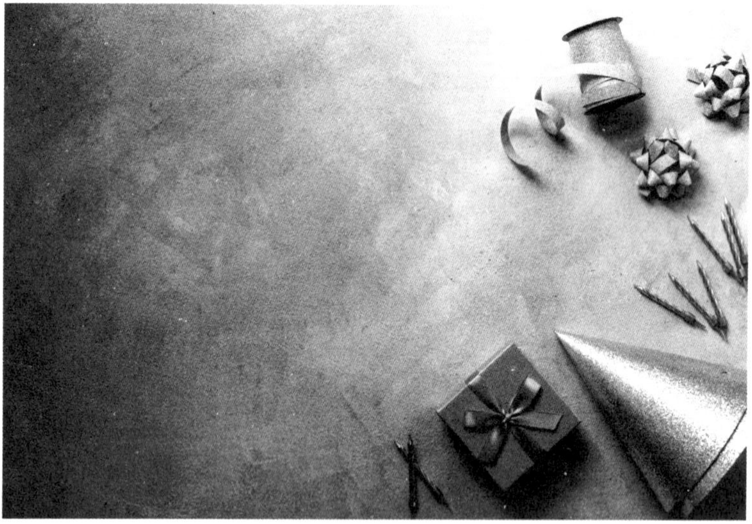

派對結束後留下的人

任何人都能讓一個房間，坐滿光鮮亮麗的人。只要宣告一場派對、發出邀請、備好美酒佳餚、音樂和歡樂的承諾，他們就會前來。然而，在這一生中，你最該珍惜的，是派對結束後仍然選擇留下的人——那些默默幫忙收拾善後的人，那些看見你因為籌辦派對而疲憊不堪，知道此時你正需要他們的人。是那些在派對前一天打來，問著「有什麼我可以幫忙的嗎？」，儘管他們自己的生活也已忙得不可開交。那些人，會在你搬家、陷入困境或遭遇挫折時，默默出現。當表演結束，帷幕沉重落下，妝也已然卸去，這些人，依然會留下來。

有時，被一張張歡樂的笑臉圍繞，固然令人愉快，但你只需要一張臉——一張充滿關愛和友誼的小臉，就足以重新振作。

當我的時刻來臨時

我祈禱——
當輪到我的那一刻
沒有人會稱頌
我這個年齡的肌膚

我祈禱——
沒有人會讚美
我的皮囊保持得多完美

我只希望
每個人記得——
我

記得我總是將臉龐
迎向陽光
不在乎歲月刻鏤的痕跡

記住我每一分每一秒
都懷抱著愛
用最美麗、最充滿愛的方式
盡情地活過、耗盡

我活著,不是追求不老
我活著,只為真實地活

我的身體
將會訴說這則故事
忠實地訴說
我靈魂的故事

當我的時刻來臨時。

休

　　如果，在你一生中喜歡過你的每個人，是地圖上的一個點，把這些點一一點亮，將會織就出你能想像到最閃耀、最絢爛的一張網。再加上那些你曾善待的陌生人，那些因你而露出笑容的人，以及那些在不經意間被你啟發過的人，這張星光交織的「你」之網，必定壯麗無比。你，遠比自己想像的更美好；你的影響與成就，也遠遠超過你的認知。你正走在一條明亮的道路上，而這條路的存在，或許你甚至未曾察覺。多麼奇妙，這一切，真是無比奇妙！

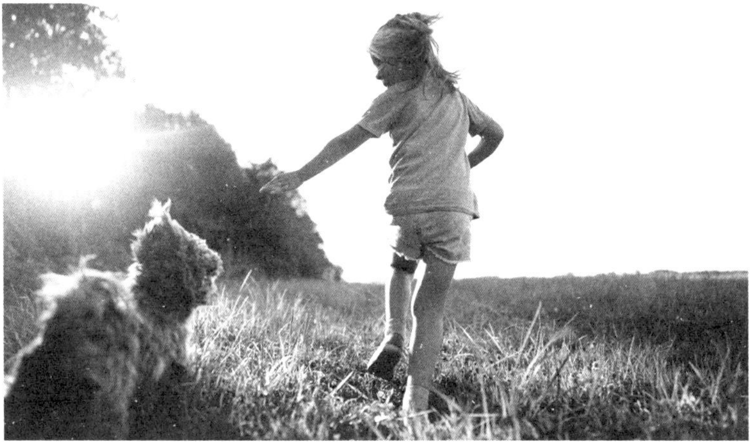

親愛的女兒

我衷心希望
我所展現給你的,是真實的我
希望我沒有假裝過一切盡在掌握
或假裝過,人生從不艱難

我希望在你心靈深處
播下對自己的信念
我愛你,雖然有些笨拙
但足以為你勾勒人生的藍圖
教會你
愛應有的模樣

我希望讓你看見我的脆弱
讓你明白,脆弱不是末路
而是轉折
更是必經的路程

親愛的女兒
我不可能凡事都做到完美無瑕
明白沒有人能十全十美
或許正是我給你
最好的禮物
人活著，並非為了追求完美
而是為了讓一代比一代
更加堅韌，更加閃耀

綻放光芒吧，我的愛
比我更加耀眼
這才是生命應有的模樣
當我不能再陪伴你時，請記住——
我的血液流淌在你體內
你永遠不會真正失去我

我們是彼此的契約
有我，便有你
我，永遠不會離你太遠。

致我的兒子

母子之間的羈絆
猶如一個雄偉的黑洞
由全然的愛與崇拜構成
深邃無垠，吞噬一切
超越了我們自身的力量

你知道的
女人之間的理解
憑藉的是直覺與本能，彼此心領神會
因為我們是同類
然而，當一個女人孕育出一個男孩
某種全然不同、近乎奇蹟的事情，便發生了
我希望，你能感受到這股力量
這份能量

我希望，我教會了你──
如何尊重女性

如何尊重每一個人
同時依然忠於自己

我祈禱你能明白
真正的力量
來自於你的柔軟
而這,正是幸福的關鍵

最重要的是
當你無法撥通我的電話時
願你能檢視你的內心,寶貝
在你心靈的每一道縫隙
我早已藏好你需要的一切——
你需要的愛

兒啊
我那美好無比、美好無比的男孩
從見到你的第一眼起
你就深深俘獲了我的心
你,永遠都有我在身邊。

願你找到通往內心平靜最快的路——
在這汲汲營營、渴求更多的世界裡,
學會安於更少。

*I hope you walk the quickest path to peace;
to strive for less in a world that
wants so much more.*

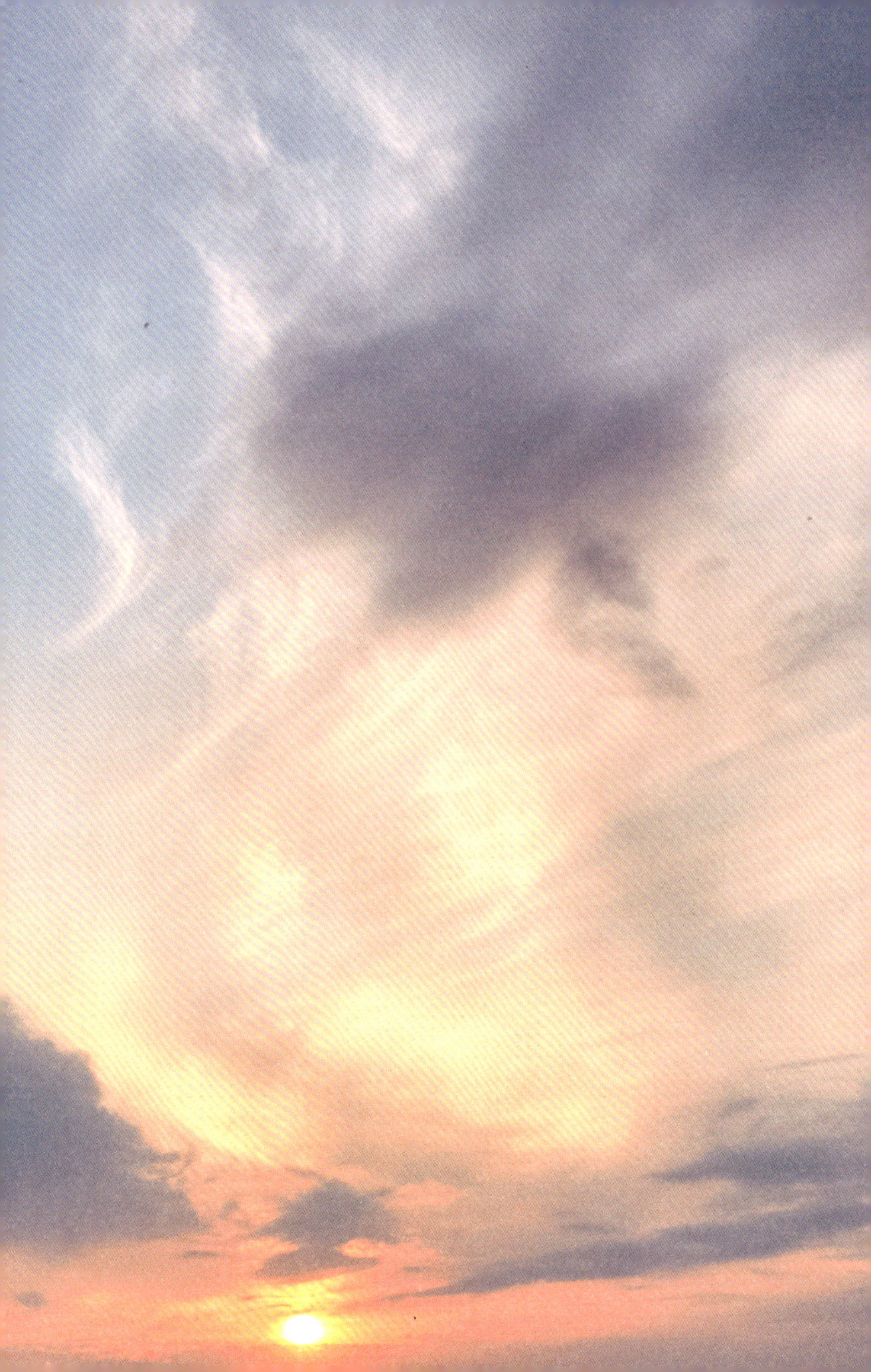

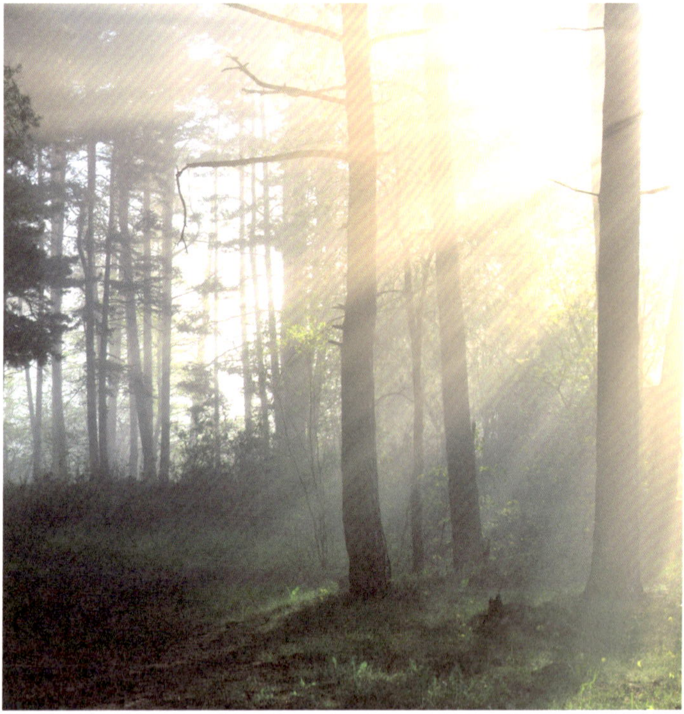

當希望渺茫

　　若失去希望,悲傷便會逐漸吞噬你的靈魂。若你無法相信你們會再次重逢,不相信他們的能量仍環繞著你,不相信他們的愛依舊滋養著你的愛——那麼,悲傷將會使你的世界淪為一片荒蕪。請不要讓這份源自無比美好與喜悅的情感,成為束縛你的枷鎖。它應該是你的力量,你內心燃燒的火焰,你繼續前行的理由。在那片空隙中——從他們陪伴你的歲月,到你明白他們從未真正離開——藏著希望。

　　希望是一張無形的毛毯,它將會在夜裡溫暖你。讓它溫暖你吧,朋友。讓這份愛,這份希望,溫暖你。

巫女之傷

巫女之傷,他們如此稱之
我們遭受懲罰
經歷折磨與屠戮
只因光芒過於耀眼

所以我們學會了藏起那道火花
我們學會了低調收斂
裝傻、裝死

我們被教導要去畏懼
自己內在的光芒
唯恐那會招致我們的敗亡

但,再也不了

你不是巫女,朋友

你只是——多麼純粹
又多麼複雜——
一個女人

而你的魔力
既非你能選擇
也非你能遺棄之物
它始終且永遠地
藏於你的靈魂深處

不必再隱藏了

巫女之傷，他們如此稱之
然而，癒合的時刻已至
就是此刻
讓那份魔力，釋放出來吧！

Chapter 2

心如四季，
緩緩復甦

生命的智慧，藏在四季的流轉裡
如同大地歷經春夏秋冬
我們的心也需要休養、生長與沉澱
讓我們順應自然的節律
在冬眠後靜聽內心
最終以真實而充滿力量的樣貌
昂然挺立

春

　　我始終堅信，春天是希望的信使，是生命的序章，是通往燦爛時光的橋樑。春天帶著期待，攜著更多美好的承諾，輕撫我們飽經冬霜的心靈。它輕柔晃動我們冬眠的腳趾，低語說：醒醒吧，你們蟄居的冬日已然結束。於是，隨著每一縷溫暖的晨曦，我們逐漸甦醒，重燃生命，再次充滿了活力。恰如大自然的復甦，我們也抖擻起精神，蛻變成煥然一新的自己。

　　春天啊，請降臨吧，我們早已渴望你的光芒、你的喜悅、你的清新，許久許久了。我們正從沉睡中緩緩甦醒，歡迎你的歸來。

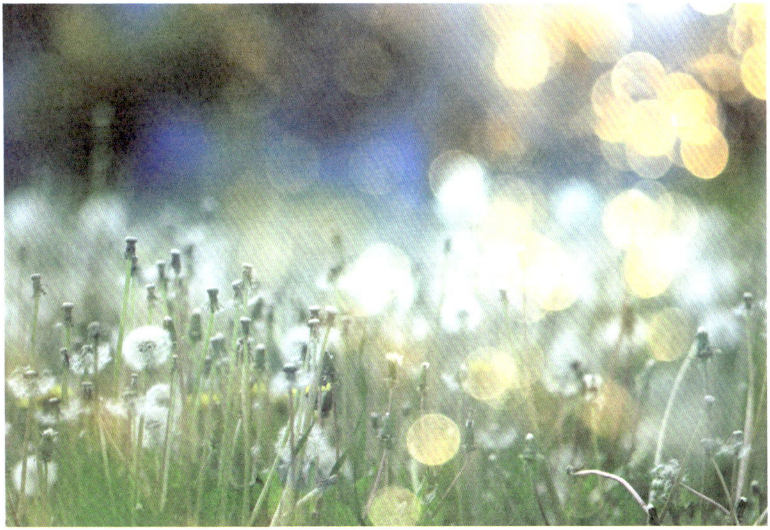

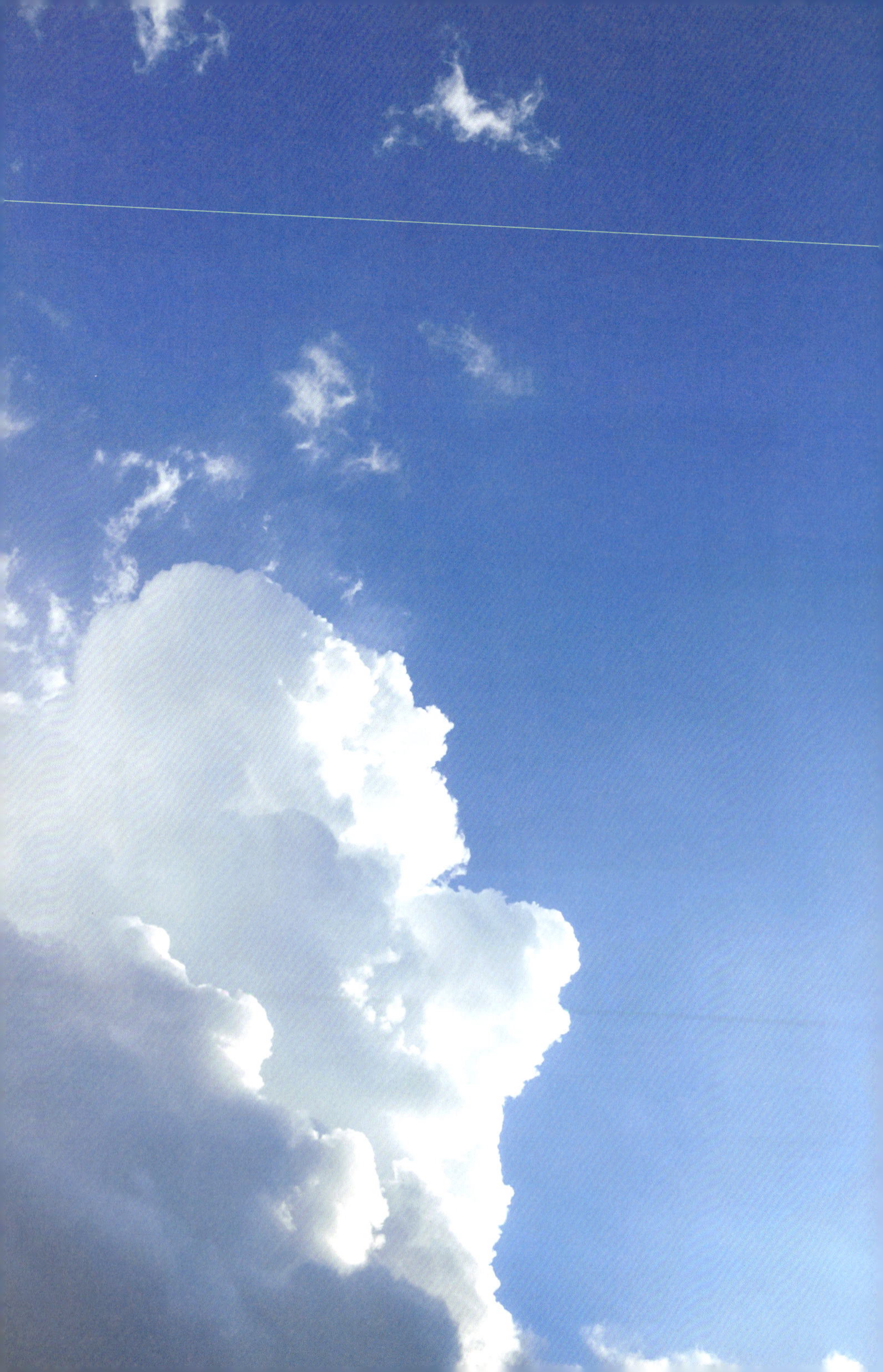

夏

夏日，生活如此輕鬆而愜意。萬物生機盎然，漫長的白晝令人陶醉，每一瞬間都蘊含著無窮的希望。在這個季節，我們應該熱情擁抱生活，趁陽光正好，把握當下，牢牢記住歡樂的時光。這些回憶，將會在漫長的冬日裡，為你心中那原已空無一物的壁爐，重新燃起火焰。朋友們，別讓憂慮或恐懼，阻止你去擁抱那陽光、那喜悅，那些你完全值得擁有的一切。

生命賜予我們無數個夏天，但夏天總是顯得太過短暫，因此，你應該全心全意地去感受，去享受夏天。盛夏時節，生活本該如此輕鬆而愜意，那就輕鬆愜意地度過吧！

秋

多數人為春天的到來而欣喜,然而我始終鍾情於秋天。那豐富而莊重的色彩,彷彿大地卸下重擔,順應更強大的力量,坦然展現最真實的自我,寧靜且無懼。添上一襲溫暖的衣裳,並非出於遲鈍,而是與生俱來的智慧。還有那份領悟——一切皆有其道,萬事終將過去。秋天不因冬日的逼近而顫慄,反而安然沐浴在最後的陽光下,珍惜每一刻,將它視為恩典,視為旅程中至關重要的一環。它任由葉片輕輕飄落,如一滴滴的金色養分,滋養新生。它在過往未曾有過平靜之處,覓得了平靜。

我始終鍾情於秋天,因為,這個季節教人學會放下。你明白的,是吧?放下吧!

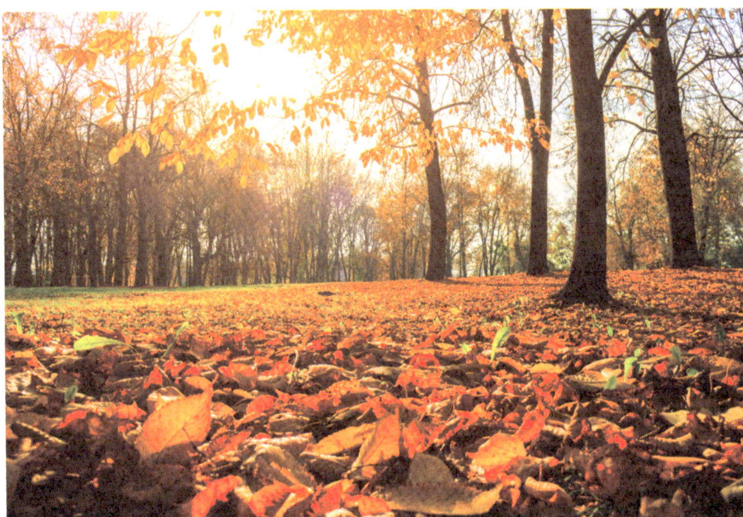

冬眠

　也許，你認為自己是懶散或有所缺陷，但是，你知道嗎？你的身體和星辰幾乎由全然相同的元素構成，你的骨骼成分與海中珊瑚如出一轍。朋友，無論你是否願意承認，你始終都受到月亮、太陽、潮汐與行星的牽引。所以，你並

不懶散，也非遲緩，這只是大自然在引導你，與周圍萬物生靈一樣，放慢步調。現在，還不是你該奮起的時刻。環顧四周，冬意正濃，你正處於一場屬於你的冬眠——你正在正確的時間，做著正確的事。

接住讚美

我目睹無數的讚美
滿載愛意,朝你拋來
你卻揮手驅散
彷彿驅趕夏日的飛蠅

我也曾見過
寥寥數語的傷人利箭襲來
射向你的防禦壁壘
你卻立刻敞開城門
甚至以雙手捧接
在心底為它們築巢、安家
珍藏至今

然後,在心痛的日子
你反覆拈弄惡毒的字句
讓它們變得更加鋒利

而那些讚美呢？
早已隨風飄散
杳無蹤跡

朋友，我衷心期盼
從今天起，你能開始接住讚美
擦亮它們，陳列在架上
時時取下欣賞
至於那些傷人的話語，就將之逐出門外
從此不復相見

所以，讓我來開啟你的收藏之旅吧──
你如此溫暖而獨特，滿懷愛心與善良
你的存在，讓這個世界美好許多

願這段話能為你帶來
更多、更多的讚美。

當我離去後

當我離去後
呼喚我的名字,我便會回到你身邊
我會平息你的紛亂
為你移開阻攔的重山
我會拭去你的淚水
在你耳邊輕聲安慰
當我離去後
呼喚我的名字,我便會回到你身邊

當我化作閃爍星辰
別以為我遠在天邊
我仍與你內心的純真同在
盼你擁抱自由奔放的天性
在日常裡,尋找歡愉
在灰暗中,覓得光亮

當我化作閃爍星辰
別以為我遠在天邊

當我離去後
我會帶走你心底所有恐懼
請把它輕輕卸下，置於地板
我會將其帶離
也請將憂慮交付給我
讓我為你荷起重擔
當我離去後
我會帶走你心底所有恐懼。

長者的榮耀

讓我們重拾
長者的榮耀

他們是智者
是受人景仰的前輩

是歷經歲月洗禮的深刻靈魂
是學識淵博的人生先覺

當今社會,正錯失
這份倫理

長者受到輕視
父老遭受忽略
然而,我們應該

將他們置於璀璨的基座之上
品味他們的人生箴言

因為,人生智慧的藏寶圖
就藏在他們的故事之中

讓我們重拾
長者的榮耀

讓我們翻轉偏見
將歲月視為獎賞
將老成視為成就
將年邁,視為真正的──
榮耀。

愛的絮語

你做的那些事——
在貼文中標註好友
因你知道那些分享
將如甘霖降落在渴盼的土壤。

你傳送的訊息
只是輕聲告知
他們始終在你的心上
也在你靈魂的視野裡

你分享的那些解方
懷著如此深切的盼望
盼望能帶來療癒

你儲存的那些影片

因深信它們將觸及對方內心深處
並在他們臉上牽引出一抹
他們此刻亟需的，微笑

這些
所有這一切
都是愛的絮語

無與倫比的美麗。

企盼

當你沉入夢鄉
我夢想著你將擁有的光芒
夢想你以世界為劇場
盼能親睹你粉墨登場

我想像你人生將踏上的旅途
和你將走出的每一步
我希望有份愛會將你尋獲
一如我對你這份亙久的守護

我描繪你的模樣
敏捷靈巧、如旋風般的孩子啊
是會任由髮絲不羈飛揚
還是被世俗磨去了鋒芒？

我祈禱，你能看見自身的光芒
也感激，你那柔軟善良的心腸
願你靈魂永遠澄澈明亮
將此生活成藝術的模樣

我企盼，你能守護你的善良
以及迷人的燦爛臉龐
我知道，你將成為他人的暖陽
因為你早已照亮我的心房

我無法為你鋪就平坦的道路
也無法斬除前方的險阻
我所能做的，唯有予你愛護
並深盼你，懂得將自己珍惜看顧。

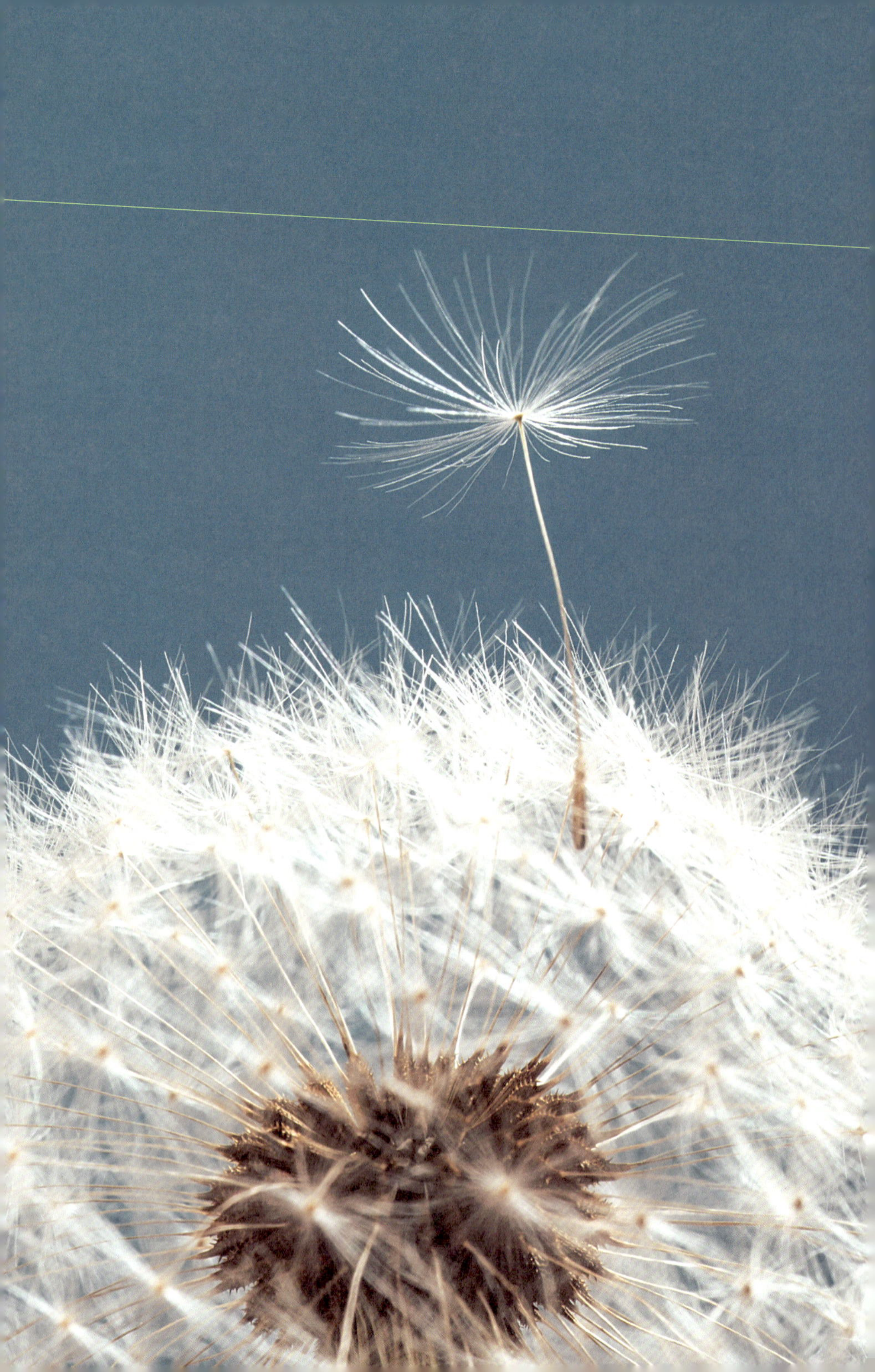

當一切支離破碎，
當你僅剩下希望，
那微光，便已足夠照亮前行的路。

When it's all falling apart,
when the only thing you have left is hope,
you have all you need to go on.

不請自來的朋友

我有一個朋友
總是不請自來
昨夜,她又一次
跑到我家門口
我想假裝不在
可惜動作太慢——
她發現我從簾縫窺看
而且,一如往常
識破了我的消沉

於是,我讓朋友進門
她,冷不防
張開雙臂,緊緊擁抱我
於是,我們就這樣
靜靜相依,默默不語
偶爾的淚滴

幾聲的嘆息
和幾不可聞的啜泣

朋友什麼也沒說
卻給了我三樣東西：
一個擁抱
我最愛的冰淇淋
以及最珍貴的——
將我的希望，歸還給了我

你知道的，我總是這樣
不經意就弄丟了希望
而她，一如往常
為我尋回

並且，冷不防
特地送來給我
願你也有一位這樣
總是不請自來的朋友
我無法想像
沒有這種朋友的人生。

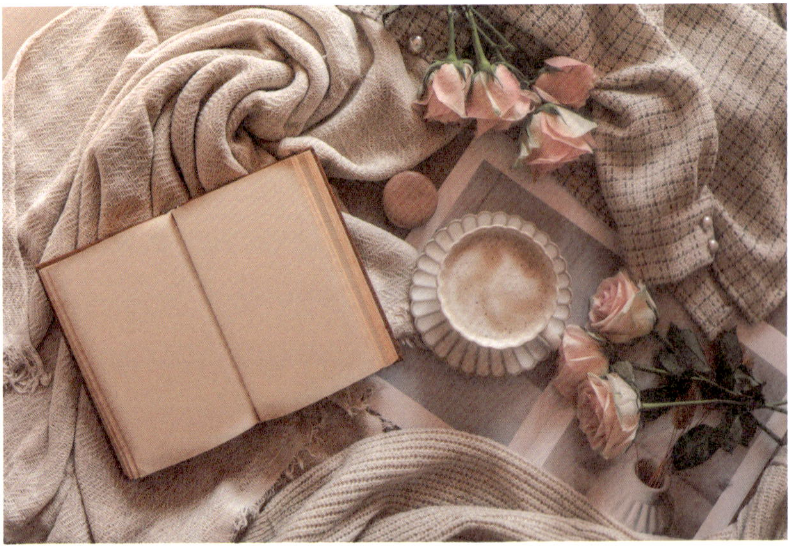

就是現在

　　如果生命走到盡頭,你才幡然醒悟,此生本該盡情揮灑、掙脫束縛,去譜寫能代代傳頌的故事?才明白,物質帶來的歡愉,終究不及愛與回憶那般雋永?如果你在最後一秒中頓悟,原來橘皮與小腹都是可愛的印記,絕不該阻礙你全心享受人生?如果臨終之際,你滿懷遺憾,懊悔未曾盡興、未曾全力以赴?如果此刻,你終於覺醒,決定力挽狂瀾,不讓遺憾成真?如果⋯⋯?

一天,並未被虛擲

即使計畫未竟,工作仍待完成
即使飲食失控,偏離初衷
這一天,依然不算虛擲

一天,只有在你忘記
對自己、或對他人
說一句良善的話語時
在你忘記
稍作停頓
在那單調乏味的日子中
尋找一絲微小的美麗火花時——
那火花,宛如泥濘中
閃爍著的金光
——只有在這些時候,一天才算被虛擲

一天，只有在你忘記了
生命本身
即使在最不堪的時刻
依然是一份贈禮時
一份你完全值得
好好「活過」
而不僅僅是「存活」的贈禮
——只有在這種時候，一天才算真正地，被虛擲。

是你,或是它

終有一天,那個東西
會將你吞噬
那個你容它在腦海中
肆無忌憚盤踞的東西

你們來回拉鋸
有時,那個東西佔了上風
你黯然失色
有時,你是贏家
將它無形的龐然身影
塞進腦海深處的匣子

然而,這場戰爭終究要有勝負
某個時刻,那個東西
會將你吞噬,朋友
如果你讓它得逞

是時候了,該正視它
直視它的雙眼
探究它的本質
揭開它的真面目
剝開層層偽裝
穿越混亂痛苦悲傷
因為,在一切的最底層
無論「那樣東西」究竟為何
存在的,都只是一種愛的匱乏

你無法改變過去
卻可以創造更美好的未來

終有一天,那個東西
會將你吞噬
終有一天,它
會吞噬你
是你,還是它?
選擇——你自己。

希望,往往深埋於泥濘;
畢竟,最美的花,
總是在最汙濁的淤泥中,
開得最為燦爛。

*There is much hope to be found buried in mud;
after all, that's where the most
beautiful flowers thrive best.*

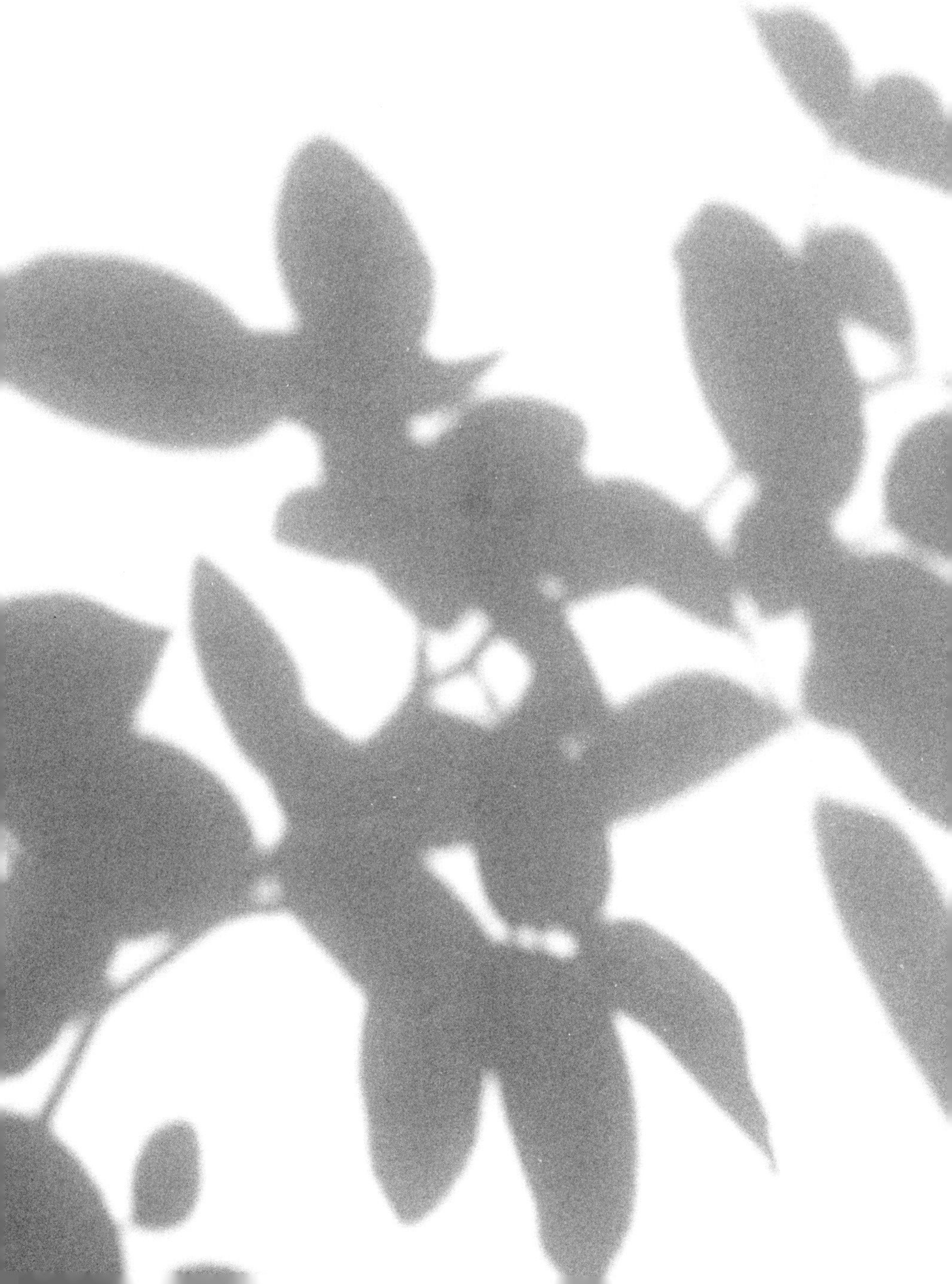

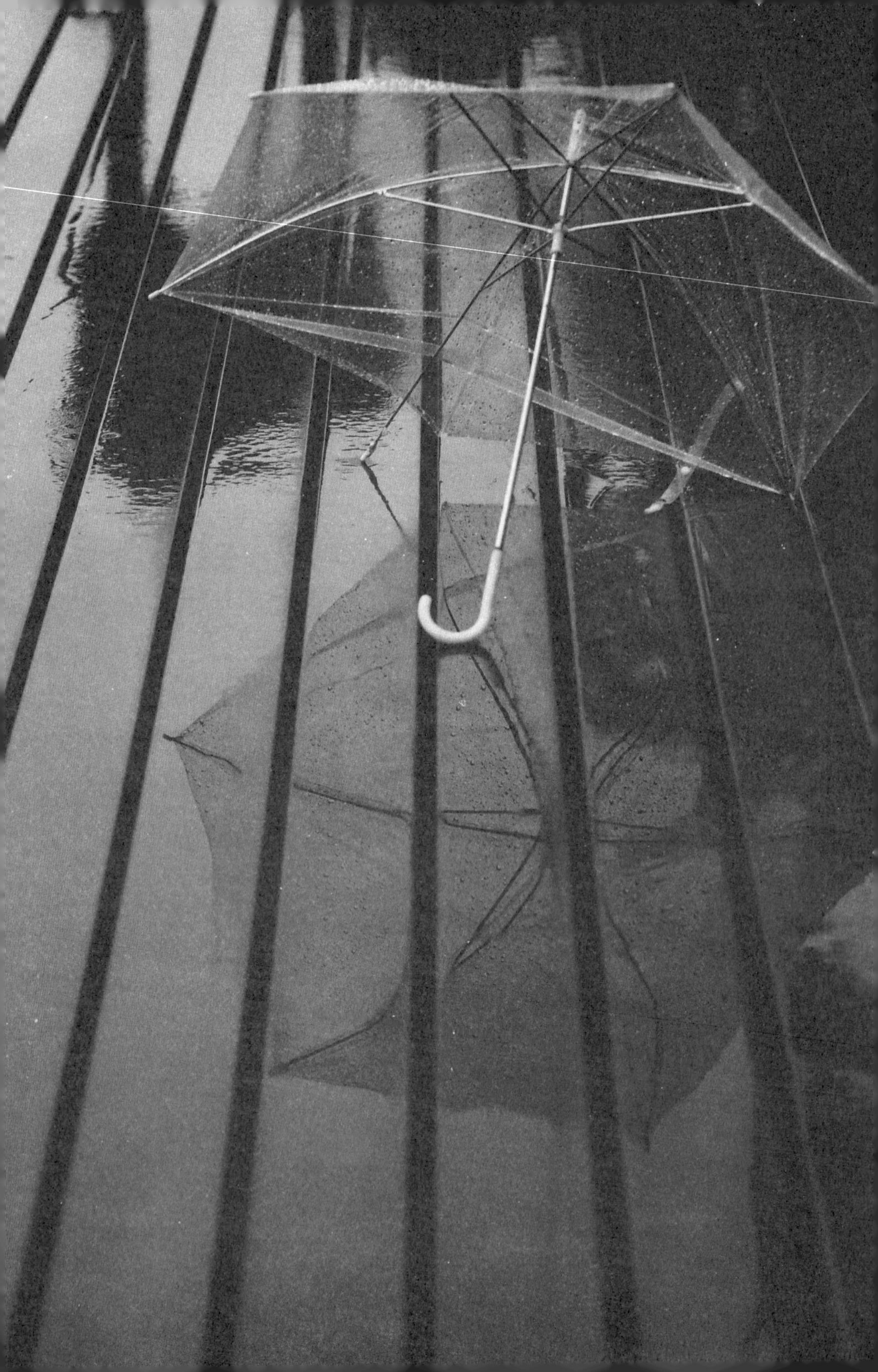

沉重

　　生活不只偶爾讓人覺得沉重，它確實讓人不堪負荷。我們生來為了愛、為了孕育、為了生存，其他一切都只是附帶的。這些附帶的事物，或許能成為美好的贈禮，但切勿以為它們是生活的重心。真正重要的是，你如何走過這段生命旅程，如何善待大地、尊重萬物，如何珍惜走進你生命中的每一個人？以及，當你告別之時，能否覺得不枉此生？

　　生活不只偶爾讓人覺得沉重，它確實讓人不堪負荷。請明智地，選擇你生命中的優先順序。

歲月，無法抹去你的美麗

只要你願意相信
歲月的痕跡
亦能化為一種風采

那是一種由內而外綻放的光芒——

它穿透肌膚與骨骼
滲入筋肉與脈絡
讓你所見的一切
沐浴在寧靜、包容
與無與倫比的
美好光輝中

這是一場化學反應
當自愛（終於）與自然相遇
智慧與領悟也隨之加入

一同施展魔法
最後,你會看見
一個不斷蛻變、成長
學習與重生的女性

這是一幅何其美麗的畫面

歲月無法抹去你的美麗,朋友
會掩蓋這份光芒的,唯有負面的心態。

第一順位

　　當人們說心理健康與身體健康同等重要時,我總感到有些疑惑。其實,心理健康遠比身體健康來得重要。你的大腦、你的心智,也就是你的「電腦」,掌控著一切運作。如果心智無法正常運作,身體機能也將陷入停擺。如果不持續維護、理解並管理你的心智,它會瓦解其他一切,無一例外。我樂見世界終於開始重視心理健康,但我們終該給它真正的優先次序——將它置於頂端,放回那原本屬於它的位置。

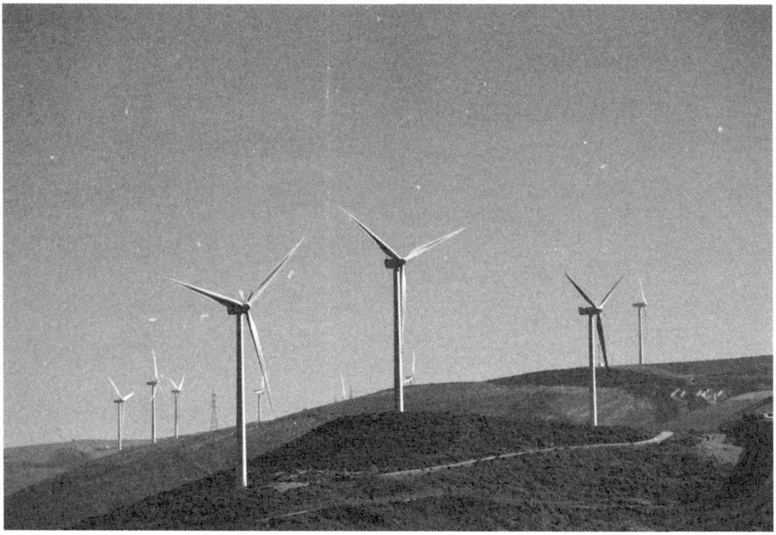

記憶

我向你允諾
縱使歲月如梭
記憶終將凋落
我的靈魂,始終是我

或許在陌生者的眼中
我彷彿換了另一個魂魄
言語可能頻頻出錯
讓你淚眼婆娑

名字或許令我困惑
地點或許使我迷惘
時間或許悄然溜走
有些日子,我或許會遺忘

然而,夜深人靜的瞬間

你那稚嫩的容顏
總是紅潤的小臉
總在我的夢中浮現

你勇敢的靈魂
仍深深烙印在我心底
所以，請你永遠牢記
我深深愛著你，永不止息

我向你承諾
縱使歲月朦朧我的心智光彩
有些事仍存在我腦海
那就是，我對你永恆不變的愛。

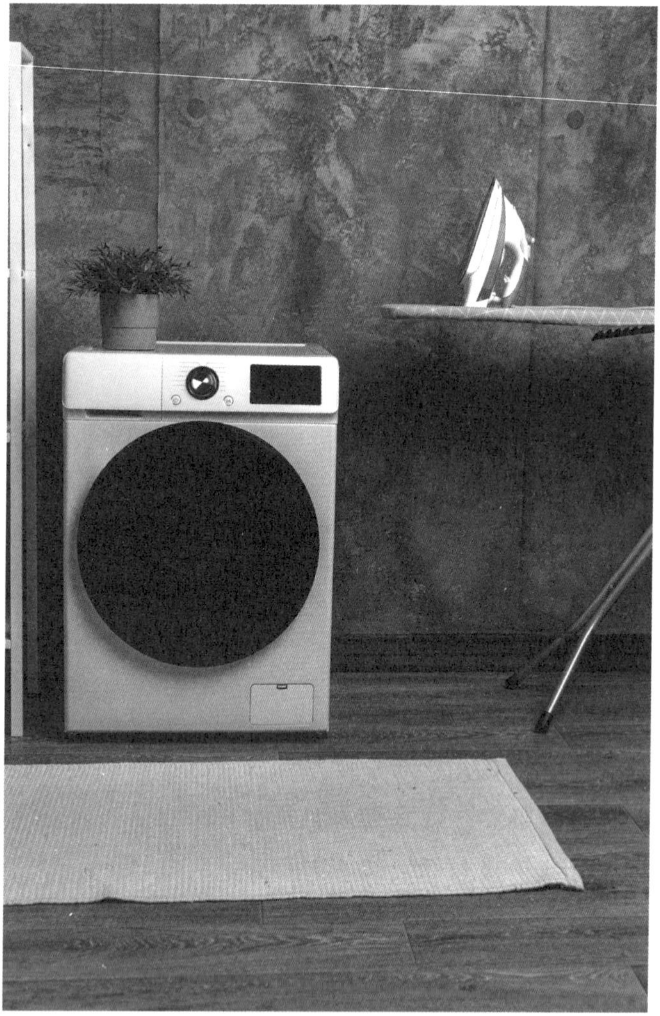

脫水機人生

　　我的祖母常說:「你被榨乾了。」這句話讓我有深刻的共鳴,因為人生就是一架脫水機,無休止地擠壓、錘鍊我們;而我們竭盡所能、無止境地付出,榨乾自己後,又一次次深入挖掘,奮力向前,試圖成為「更好的自己」。而當我們以為自己乾涸了,一滴不剩,卻總能從靈魂深處再榨取出神聖的一滴,拯救另一個需要幫助的人。但是,朋友,請記住——被榨乾不是終點,只是循環過程的一站:我們浸潤,吸飽能量,接著慢慢地被榨乾,然後從頭再來一次。這段旅程中最關鍵的一步,便是浸潤。所以,別忘了滋養自己,浸潤靈魂——請記得,持續浸潤。

光陰難再

金錢可以復得
時光,無法重來

現在就去創造你的回憶吧
趁著機會還在眼前時
你永遠不會後悔
那些你曾踏上的冒險
我的朋友們

然而,你卻可能
為了那些
你任其流逝的機會
永遠感到悵然

而當生命變得黯淡時
──那幾乎是必然會發生的

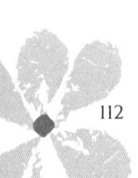

唯有你創造的回憶
溫暖你

激勵你

驅動你前行

讓你繼續活得精彩

金錢可以復得
時光,無法重來。

回首

回首往日
我看見了沙灘
日落
杯盞輕碰,叮噹作響
我們的笑顏在光影間生輝

回首往日
我看見了滿是佳餚的餐桌
在相聚中分享的溫暖麵包
心靈相依的淚水滑落
歡聲笑語,此起彼落

回首往日
我看見冒險的勇氣
緊握的雙手
歲月傳遞的智慧

以及蓬勃滋長的愛

回首往日
我看見勇敢面對的困境
我們共同承擔的難題
以及那來之不易的勝利

回首往日
我未曾看見失敗
缺憾
或一絲一毫懈怠的時刻

未曾看見皺紋
橘皮
或體重計上的數字

也未曾看見車子
所有物
或那些掙來的金錢

回首往日
我看見的是
一段活得淋漓盡致的人生

那份精彩
有悲傷
有失落
也有生活的點滴

所以,朋友
若可以,請偶爾回首吧

它會提醒你
什麼才是重要的
或更重要的──

什麼,根本無關緊要。

當我的身影已然遠去,
請別執著於現實的冰冷;
但求你堅守那份美好的盼望,
要相信,
愛的力量足以讓我們再次相逢。

Care not for fact when I am gone from sight;
cling to the blissful hope that
love is enough to bring us together again.

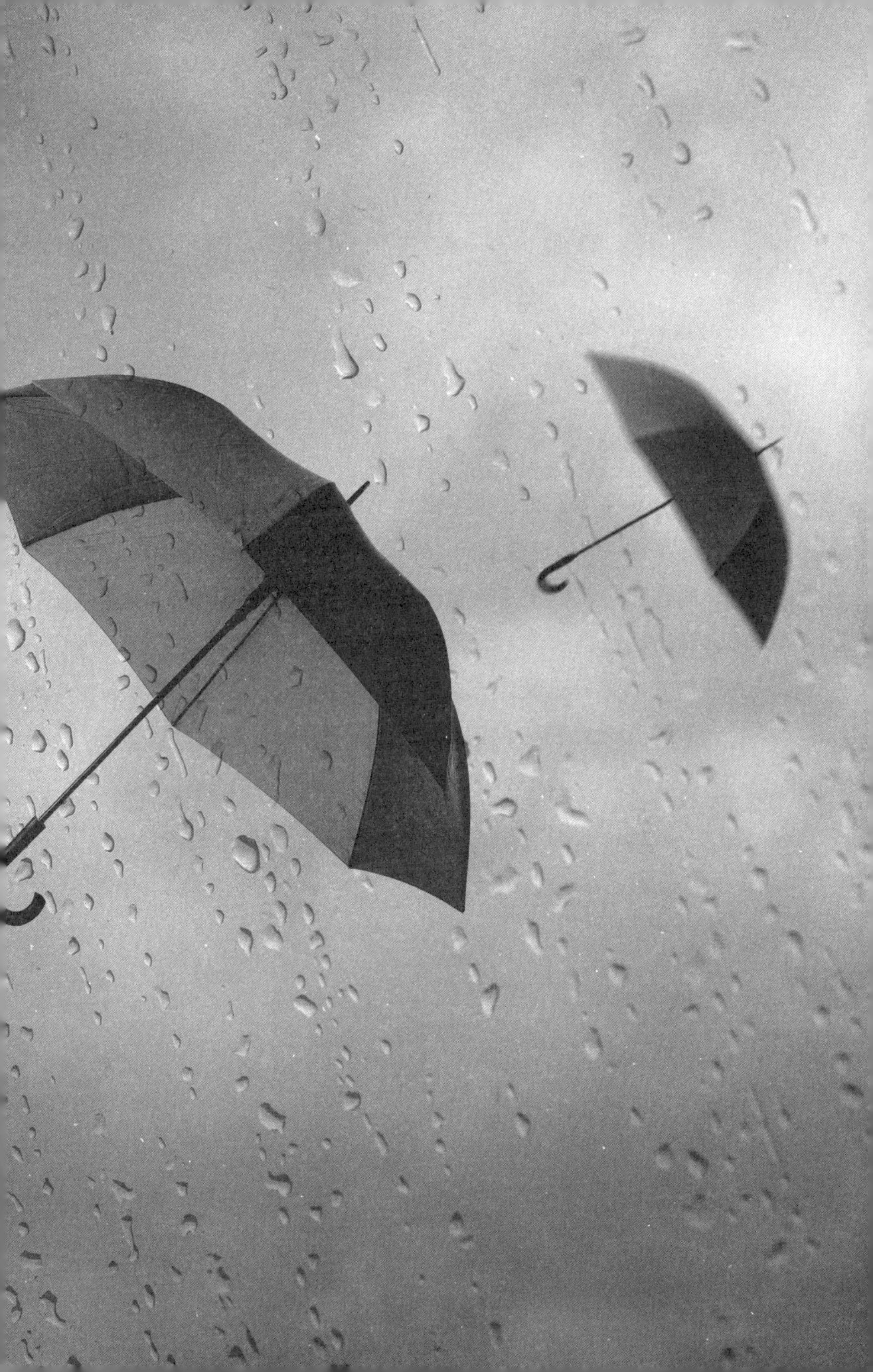

全心全意

　　我們並不完美,也永遠不會臻至完美——幸好如此。但當我遇見你,讓你走進我的心牆之內,那些我早已遺忘的、零碎的自己,都回來了。彷彿它們比我更早認出了你;彷彿它們終於看見一處,能夠安心呼吸的,安身之所。然後,一點一滴地,我感覺自己更加完整。並不是你完整了我;而是你的愛,給了我足夠的力量,讓我得以完整自己。

　　所以,當我說我全心全意愛你時,我是認真的,因為我的心,已經再度圓滿。而我想——不,我深信,是你,讓它平安地重生。

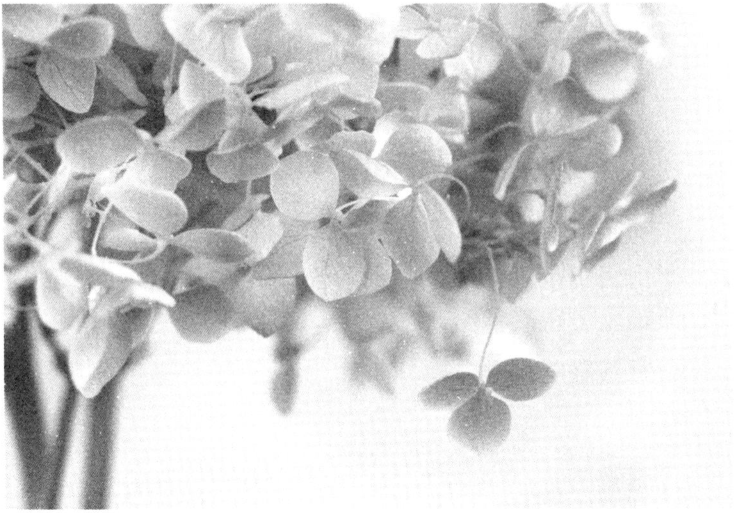

善用智慧

別再討論如何重拾青春
或保持外貌的永恆

讓我們轉而細數
這一路風雨飄搖的旅程
我們如何歷經淬鍊
如何領略人生風華
無論是甜蜜或苦澀
還有其間的每一步瘋狂

且讓我們分享
彼此的傷痕與求生的故事
再將這些珍貴的經歷
傳承給願意聆聽的靈魂
讓他們茁壯成長
彷彿那些話語

能為乾涸的肺葉
注入生命的氣息

我們並非為了停滯而生
而是為了一次又一次
美麗地碎裂
化作熠熠微塵，滋養下一代的土壤

宛如一場由智慧與學識
所構成的迪斯可鏡球之雨
我們必須狂放地閃耀自身的光芒

別再討論如何重拾青春
我們的歲月，已為我們贏得了遠比那更豐盛的事物
朋友們，照亮世界吧
用你們的智慧，照亮這個世界。

只是女人們

那景象,必定駭人
一群女巫圍繞篝火
低聲吟唱,召喚亡靈
施展咒術
難怪世人懼怕

但我認為
那不過是女人們
忠於女人的模樣

她們聚在一起
一如她們理當如此
為了相互扶持
為了分享彼此的戰役
將對方拉出她們每日所面對的
那片煉獄之火

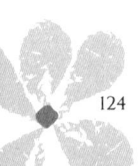

她們交換療方、藥草
交流治癒之道
並且堅信自身的價值
遠遠超越世俗的偏見
與束縛

難怪，這份團結的力量
在無知者眼中
宛如魔法

但我認為，那不過是女人
在做著我們
每一天，都在做的事罷了。

我，就是這樣的女人

　　我，就是這樣的女人，總是直言不諱，無論你是否樂意，我都會說出，我眼中的你。我會告訴你，你何其璀璨，在不完美中，自成一種動人的完美。畢竟，還有什麼比真實更無懈可擊呢？又有什麼，比那份「你之為你」的本質，更為美好？我會告訴你，你的笑聲如樂音般悅耳，你的煩惱同樣重要，值得好好傾聽。我會告訴你，你的思緒令人著迷，值得細細品味。你的笑話，則是我日常中一小片乍現的陽光。我還會告訴你，你的錯誤不能定義你；你，永遠都值得被愛。我會告訴你這一切，你或許不樂意聆聽，因為你還未習慣，有人純粹因為「你是你」，而毫不保留地欣賞你，給予真誠的肯定。但是，你應該學會享受這樣的讚美，而且，你終將學會。

　　所以，如果你不喜歡這樣直言不諱的女人，那麼，朋友，請離我遠一點，因為我永遠不會停止告訴你，我眼中的你。

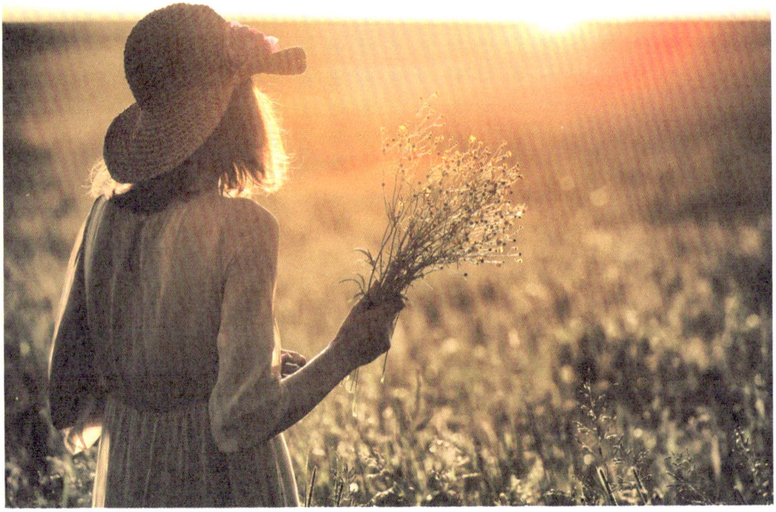

你無法修復他們

你無法修復他們
但你可以告訴他們
他們盔甲的裂縫
是如何讓光芒穿透
而那又是何其剔透

你無法讓時光倒回
但你可以承接
他們無私展現的愛
再傳遞給這個世界
以榮耀他們的存在

你無法治癒他們
但你可以療癒自己
讓他們看見

當你用光芒將痛苦溫柔洗滌
痛苦，便會停止攻擊

你無法讓快樂萌芽
但你可以讓他們嘴角上揚
你可以陪伴他們身旁
與他們並肩而坐
讓他們知道
無論世事如何變化
他們都會被全然接納

有時候，
那就已然足夠。

召喚

若你足夠幸運,某天醒來
感受到一股偉大的力量牽引
近乎魔法般
邀請你跟隨
那就去吧,朋友,去吧
你已被大自然召喚

她會尋找我們每一個人
在時機成熟時
向我們透露一種更美好、
更和平的生活之道
教我們真正享受此生
開闢空間,茁壯成長
創造天地,孕育喜悅

「別再只是活著了,」她會說

「是時候該真正地『生活』了。」
「別再只是求生存了,」她會補充道
「是時候該『豐盛』了。」

她會守候,直到你——
徹底厭倦了
那些為了取悅他人而不斷苛責自己
將自己扭曲成百萬種懲罰姿態的日子

她會守候
直到某天你再次精疲力竭地坐下
並衷心期盼一條更好的路

若你有幸
感受到那隻強有力的手
將你拉起
那就去吧,朋友

你的時刻已然來臨
無須回頭。

任何一張臉,
只要映照出內心的光明、愛與希望,
便會散發出真正的美麗。
而這份美,鏡子是無法呈現的。

A beautiful face is any face, worn
by a soul full of light, love and hope.
No mirror will show you that.

Chapter 3

穿越星塵，你的光終將抵達

這是一份來自宇宙的約定
告訴我們摯愛的思念已化為一道守望的光
穿越浩瀚星塵
在思念中感受那份跨越生死的陪伴
這道溫暖的光終將抵達
帶來永恆的撫慰

天堂

　　試想,若死後靈魂真能進入天堂,天堂也誠如傳說中的那般美好——充滿光明與寧靜,我們與逝去的親友重逢——然而,當我們從那幸福之境俯瞰,卻見到摯愛的親人為了悼念我們的離去,而將光芒拒於門外,並將喜悅一筆勾銷呢?所以,朋友,請別讓親人的離世帶走你的生氣,我確信,這絕非他們所願。我們務必、務必以他們的愛為動力,勇敢地活下去,這才是對他們最好的紀念。

　　我們也要誠實面對自己的悲傷,這才是正確的道路,唯一的道路。逝去的只是他們的肉身,而非他們的靈魂。請別讓你的靈魂也隨之而去。時候未到,真的還未到。

隨風而去

細數此生走過的日子
一一堆砌
加上曾經駐足流連的
愛的須臾

細數陽光普照的海灘
浪花洗滌心房
曾經承擔的冒險
喚醒生命的啟航

拾起喜悅的記憶
滋養靈魂的點滴
心神陶醉的樂音
讓生命完整的字句

鹹澀親吻的餘韻

拭去淚水與恐懼
溫暖的稚嫩身軀
他們還未轉身離去

回想那些臉龐
多年來深愛過的模樣
在心中擷取一幅畫面
讓他們永留心間

將這一切珍藏於
標記為「我所知曉的」
檔案之中
其餘的回憶
便任其飄散
隨風而去……

休，就是自然

　　當憂鬱來襲，很多人會勸你走進大自然，這建議不無道理，因為走入自然，便是踏上返家的旅程。你未必要是自然的愛好者，也不必刻意親近它，因為你本來就是自然的一部分。你與庭院裡的樹木無異，與野餐時飛舞的蜜蜂相同，都是自然的一部分。你原本應該與萬物共生於野外，然而，所謂的進步與文明，為我們勾勒了另一幅藍圖。於是，我們日復一日困於水泥樊籠，卻始終未曾回到真正的

家。想要重返自我,覓得內心平靜,最快的方式莫過於——赤腳踏上草地,雙臂環抱樹木,讓思緒隨雲朵飄遠,讓心靈沉浸於森林。還有,將疲憊的身體浸入水中,盡情感受水的流動;嗅一嗅每朵你路過的花,用厭倦了敲擊鍵盤的手指,撚起一撮泥土。你,就是自然,所以偶爾「回家」吧!它會帶給你無數的美好,那些你甚至未曾察覺錯失的美好。

謝絕打擾

知曉自己已不再
為戲碼所困
為膚淺所擾
這,便是力量

我已不再是地圖上的
某個點
任由錯誤的人尋覓
且築巢安居

意識自己可以拒絕打擾
除非以愛為信物
以尊重為門票
這,便是喜悅

若你的意圖
不夠良善,不夠清晰
那麼,我的心牆仍舊高築
你,無法靠近

這份領悟所帶來的
寧靜
是我拆開過的──

最好的贈禮。

十尺之高

人們議論紛紛，猜測緣由
說她隨著年歲漸長
逐漸失去往日的光彩
彷彿成了昔日自己的
影子

她的衣裳不再時髦
頭髮簡單束起，漸染灰白
她坦然展露歲月的痕跡
旁人卻唏噓不已

然而，他們忽略了
她內心依然綻放光芒
我不解，他們何以視而不見
又怎會誤以為黯淡無光

在我眼中,她
閃耀著智慧的光芒
散發著平和的氣度
當她走過,我彷彿聽見步履間流淌出的
教誨與真諦

她任由歲月流逝
那一點,無庸置疑
但她絕不會再試圖拾起逝去的
韶華

因為有一天,她終於找到了自己──
曾經困在內心深處的女人
從此,她不再理會世俗的
藩籬

她心繫光明
探尋生命的真諦
縱使身形不再巍峨
她於我,卻有──
十尺之高。

生活不完美，希望卻如花盛放

日月的守護

昨夜,我的思緒飄向了月亮,思忖著她自身其實並無光源,我們在午夜天際所見的,不過是一塊雄偉的岩石,將太陽的光芒映照回我們身上,以確保我們永不失指引,永不失希望。繼而,我又想到,如果沒有月亮,我們的星球將失去平衡,劇烈傾斜,導致極端氣候襲來,讓環境變得無法居住;屆時,地球不是過於明亮,就是陷入黑暗。我想說的是,我們的銀河系,我們的地球,是如此神奇而奧妙。因為有月亮和太陽,我們緊緊相繫,從不孤單,且從未缺乏支持。

因此,朋友,別畏懼漫漫黑夜,只要你抬頭仰望,向天際尋求慰藉,光,總會再來。日與月,不只守護著我們,更勤奮不懈地一同協力,確保我們能繼續前行。所以,勇敢前行吧!

浪費時間

或許,我們應該重新定義
時間

我認為
休息、和朋友閒聊
漫步大自然
或閱讀一本書
並非浪費時間

建立連結
讓靈魂對話
放內心純真的孩子出來嬉戲
或創造可以流傳後世的故事
不是浪費時間

助人為樂
讓靈魂甦醒
讓疲憊身軀重獲活力
也不是浪費時間

這,才是時間的真諦
說到底
其他一切
不過是待辦事項清單的
一個勾
只是永無止境清單上的
一個勾。

請將我寫下

若有一天,我遺忘了一切
請別感到無助
你還有許多使命要完成

請務必,連同我的份
一同記住
將我寫下

請將那些塑造我的事物
珍藏於一只錦匣──
我保存的照片
我喜悅的回憶

用影像、文字、樂音與食譜
曾經點燃我靈魂的事物
重新拼湊出,我完整的本質

親愛的，若有一天，我逐漸黯淡
請別感到絕望
投入這項使命吧

我真真切切地存在過
如此鮮活地存在過
這點，你比誰都清楚

你對我的瞭解，足以向世人訴說
所以，去告訴他們我是誰
倘若我已將自己遺忘
那麼，你便絕不能忘

請記住我，親愛的
記住我的一切
連同我的份，一起記住

如此，我便未曾離去。

你即是詩

每當你傳送簡訊道早安
詩意流淌於你的指尖
希望之光
就在焦慮駛入車道的剎時
及時抵達

詩,呼吸於你的耐心中
當你驅散盤旋如飢鳥的
憤怒言語
選擇以溫柔回應
句句撫慰了傷痕

詩意活在你的心中,朋友
每當你揭露醜陋的真相
真相便化成一雙手
將人從泥沼中拯救而出

以洞悉世事的智慧
給予溫暖的扶持
讓他們重新站穩腳步

問問任何愛你的人
他們會告訴你，你的某句話
帶來了光明，驅散了恐懼
你拋出的網，接住了他們墜落的身軀

或許你不自知
但你確實是愛著詩的

你就是詩
你的每一句話
都是優美的詩篇。

覺醒

　　歲月荏苒，我漸漸領悟：那些被世人戲稱為「這女人瘋了」的說法，原來只是她們在某個清晨，嗅到咖啡的香氣，終於醒悟，於是怒火中燒。她們憤怒於多年來總是迎合他人期待，活得如同一塊扭曲的麻花捲；憤怒於未能勇敢地說出更多的「不」，甚至是堅決的「絕對不！」；憤怒於未能大聲喊出更多的「好」；憤怒於總是將自己置於次要位置；憤怒於自己的感受、情緒和渴望，長期被貼上荷爾蒙失調的標籤，成為他人敷衍與逃避的蹩腳藉口。不，這與更年期無關，這是靈魂的覺醒。

　　歲月荏苒，我終於領悟，女人從未發瘋──事實上，她們正變得，前所未有地，清醒。

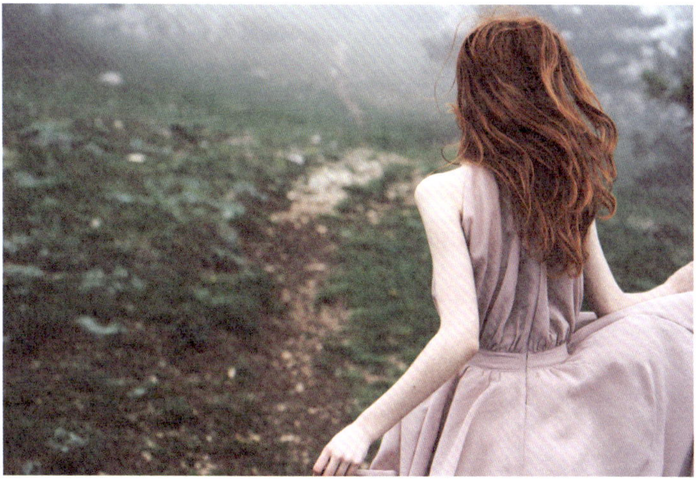

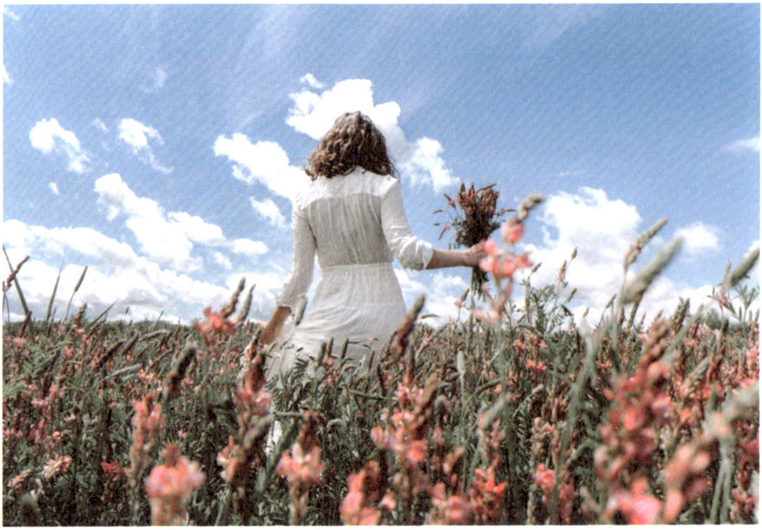

大自然的手筆

　　我認為，妊娠紋、皺紋、雀斑與痣，都是大自然畫筆下的傑作。腰間贅肉、大腿橘皮乃至於胎記，也同樣出自她的巧手。我始終相信，所謂的瑕疵與不完美，恰好是構成一個人最迷人的部分。那顆微微歪斜的牙齒，每當她綻放笑容，總令我心動不已。那淺淺的梨渦。當她開懷大笑，眼睛就會被臉頰擠得微微瞇起，只為笑得更開懷，放開所有的顧忌。還有，當她苦思冥想時，眉間悄然浮現的細紋。我認為，每個人，沒錯，每一個人，皆是一件渾然天成的藝術品。如同一幅神奇的畫，只要退後一步，便能領略其獨特的美麗。

由他們去

由他們爭
由他們吵
由他們信
以為是真

由他們說
由他們怒
由他們築
牢籠自處

由他們評
由他們語
由他們行
各自所趨

由他們笑
背後藏刀
休想動搖
你的軌道

由他們竊
彼此之樂
由他們滅
美德之歌

由他們奪
權力之巔
由他們噬
骨肉之宴

請將注意力
集中在天空
以及路過的
每一段風景

但任憑
他們所為
莫讓他們
改變你心扉

守在
你築起的牆
只回應
值得的聲響

由他們謊言滿口
若非不得已
你需要相信的
唯有你自己。

願你尋得生命中那個對的人——
他一份真心的喜歡，
足以勝過百個錯的人，
那全部的總和。

I hope you find at least one right person who will like you in a way that a hundred wrong people could not.

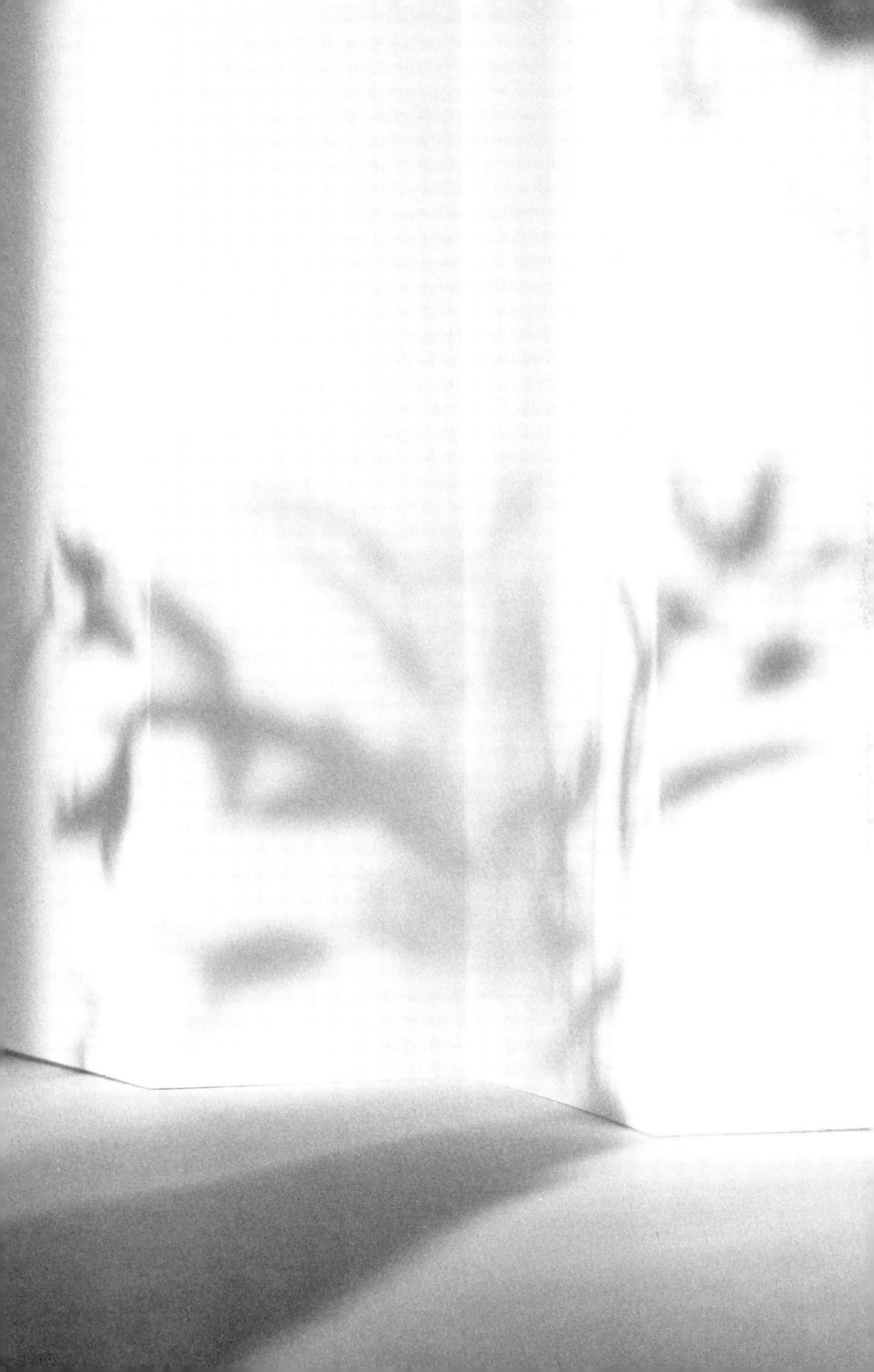

今日心願

願你今日在平凡中撞見美好
願你笑得眼淚直流
願你的靈魂自由綻放
願你終於學會了放手

願改變之風輕拂你身
願你心跳堅定且誠懇
願你被世界溫柔以待
願今日你的生活充滿溫馨

願你喜愛你今日故事的發展
願你瞥見內心的英雄
願你書寫值得擁有的篇章
願美好結局如願降臨

願你明白今日的影響深遠
願你看清自身光芒多無瑕
願你不再苛責自己
願你明瞭此生任你揮灑

願今日陽光輕吻你的臉龐
願你與摯愛共享片刻時光
願此刻你找到溫暖安詳
願你亦能獲得天賦的力量。

你不屬於所有人

你不屬於所有人
但你必然屬於
某個人

當你發覺自己陷入
取悅他人的陷阱
請立刻提醒自己
你也是一個獨立的個體

再度提醒自己
記住──
取悅所有人,是不可能的

這無法實現
如同陽光無法同時
照亮每一張臉龐

然則，當你成為某個人的光
當你為了他而存在
這便已足夠

你並非為所有人而存在
親愛的
真正重要的
是那某個人
在你忘記呼吸時
為你注入生命氣息的
某個人

愛你的某個人
熱烈地愛他。

感受你內在的能量

別為配合他人
黯淡自身的光芒

別為融入沉悶的環境
降低你的頻率

別因為害怕醒目
壓抑你的震動

更不要
絕對不要
試圖削弱他人的能量

聆聽直覺
不要讓喧囂掩蓋了內心的聲音

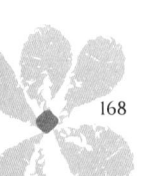

當直覺在大聲呼喚你
不要讓它沉默無聲

朋友，能量並非虛幻
它是驅動我們這顆神祕星球的
生命力

它主宰一切

感受你的能量
別讓它黯淡

這是新時代的自信。

駕馭焦慮

　　自我膨脹是焦慮的特性。當你感到焦慮時,這種情緒會不斷增強,逐漸擴大,接著引發了恐懼,而恐懼又反過來加劇焦慮,最後將你完全壓倒,再也無法掌控自己的方向盤——此時,焦慮便接管了駕駛座。要避免焦慮全面支配自己,只有一個辦法,那就是切斷它的養分與源頭。停下

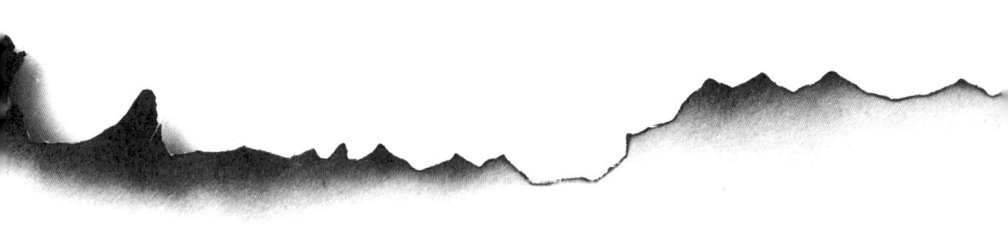

來，深深吸一口氣，慢慢吐出，再來一次，再深一點。告訴自己的身體，你才是掌控者，駕駛座是屬於你的。提醒自己，你掌控著生命之源──你的呼吸──它聽從你的指令運作，焦慮不過是不速之客，你可以讓它回到後座，讓它待在它的位置。學會駕馭你的焦慮，不要讓焦慮駕馭你。

且歇息吧

且歇息吧
你走過了崎嶇
歷經了艱辛
未曾獲得一絲的慰藉

你經歷黑暗
肩負著重擔
我明白你的苦
現在，卸下吧

且歇息吧
無須再踽踽獨行
未曾釋放的痛楚
就在這裡，慢慢梳理

你已走過風雨的黑夜
前方狂風暴雨依舊
但此刻,我在這裡
守護在你的身後

且歇息吧
無須再偽裝
這是一處心靈可以敞開的
地方

讓你的傷痕坦然展現
我身上也有同樣的疤
我們不必
為破碎而羞愧

且歇息吧，朋友
如今，你終於安全了
放下心中的恐懼
讓它們隨風而去

深深吸一口氣
感受陽光溫暖你的臉龐
療癒的時刻
此刻，已悄然展開。

安息之時,他們仍會記得

有些人,徐徐
朝彼岸遠行
那並非肉體的離去
而是記憶一點一點褪跡
悄然從我們身邊抽離
猶如一場漫長卻零碎的遷徙

一箱箱的人生
故事、回憶、愛戀
悉數打包,裝進貨車
靜靜停放在彼岸
等候某日的重逢

片段的記憶搬徙
留下的人,日漸孤寂
彷彿連愛,也隨之遠去

這是一場痛徹心扉的離別,朋友
這是無可否認的命定訣別

然而,我願相信
我們熟悉的人
在抵達彼岸後
終將再度完整
當到達時
他們看見等候多時的箱匣
逐一開啟
故事、回憶、愛戀
一切,便都回來了

我能感覺到那份發自內心的喜悅
而那也為我帶來了喜悅
他們並未真正迷惘太久

縱然此刻如此

安息之時

他們仍會記得這一切。

身外之心

　　為人父母,猶如將自己的心擱置在身外。多年來,我們細心呵護、栽培、守護那顆心,直到有一天,目送它踏上屬於自己的獨立旅程,走向一個可能讓它受傷的世界。我們所能期盼的,是它偶爾打通電話回家,與我們分享它的故事、平安、喜悅,甚至煩憂。當那顆心受到傷害時,我們只能希望,它願意回到我們身邊,而這正是多年前我們便已準備好承擔的責任。

　　為人父母,猶如將自己的心擱置在身外,然後學會接受——它,會停留在該停留的地方。

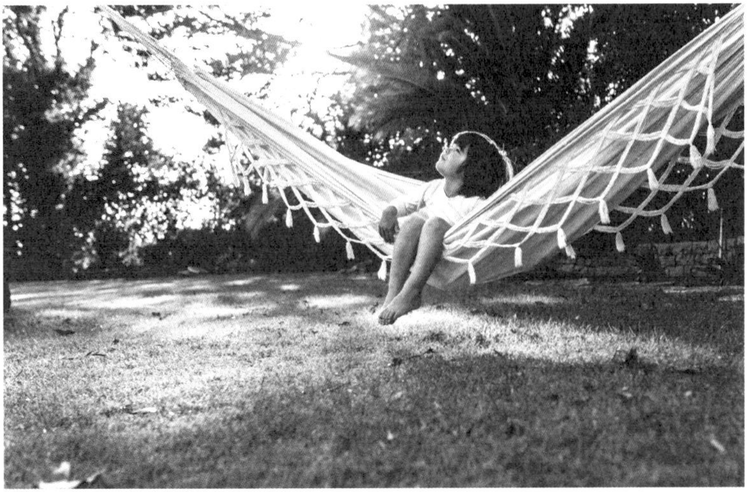

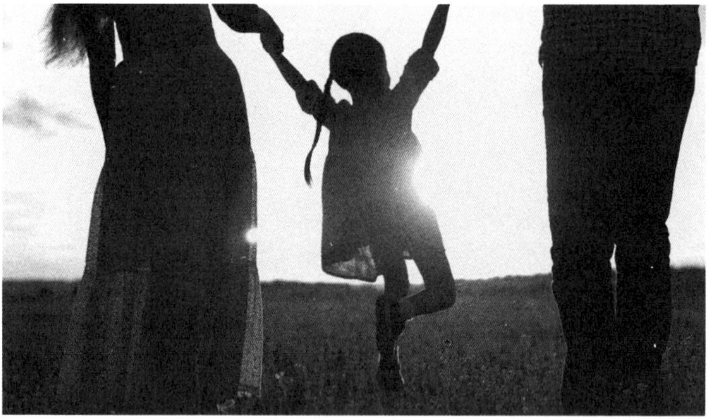

母親節

　　如果母親節對你而言是個難熬的日子——可能有諸多原因，讓這一天變得格外沉重——請記得，親愛的，你是如何被愛著的。你的存在本身，是科學、自然與幸運交織而成的奇蹟。運氣時好時壞，但愛永不消逝。如果你的母親已在天國，今天，讓她在心中與你同在，細細回想她在你生命中留下的印記。如果你從未感受到母愛，請記得：你擁有創造愛的力量，你可以成為愛的源頭，將愛傳遞給你生命中的每一個人——無論是孩子、朋友，甚至是陌生人。你絕對做得到。

　　如果母親節對你而言是個難熬的日子，親愛的朋友，請試著找到一種方式，去慶祝生命的創造，去感謝養育的付出，去緬懷在生命中愛過你的人。許多人每天都在以不同的方式扮演母親的角色，哪怕對象不是自己的孩子。

　　母親節快樂。

付出太多

你已經付出太多了
我想,許多人早已習慣——
習慣你的無條件支持
你的永遠可靠
你不變的關懷

而現在,是時候了
早該是時候了
重新審視界線——
那些早已模糊的界線

是的,你真的付出太多了

而現在,是時候了
早該是時候了
該開始把更多的付出

留給自己

更多夢想
更多喜悅
更多屬於自己的存在

你真的付出太多了
但還來得及
付出更多──

給你遺落在身後的事物

我知道,你遺落的,正是你自己

快去把他找回來吧!

以希望作膠，將碎片拼湊，
就能創造出你所能想像
最美麗的拼貼藝術。

Take those shattered pieces and create
the most beautiful mosaic you can imagine;
hope will be the glue.

無所畏懼的女孩

我認識一個無所畏懼的女孩
以泥濘的膝蓋與雙手
還有那不服輸的姿態
撼動了整個世界,不分黑白

她打破既定的框架
將規則揉碎改寫
無視虛偽的標準
比愚昧的人更加聰慧

她不斷突破,一天比一天
更出色、更耀眼
直到有一天
直到有天,她的心被偷走
被一個,凝望她玩耍的男孩

他一點一點奪走她的靈魂
在她心上，日復一日鑿出空缺
慢慢削去她的鋒芒
直到她幾乎開始腐朽凋謝

歲月無情流逝
人們以為，那個曾經熟悉的女孩
早已消失無蹤影
直到某日，猶如雷霆一擊
她在夜裡驀然甦醒

彷彿有人經過
輕輕觸碰
讓她終於徹底清醒
看清了自己錯誤的迷惘
明白愛的真義

於是,她振奮精神
轉身一看,皺起了鼻翼
想起自己是誰
為失去的一切心碎

而今,那無所畏懼的女孩
早已成長,翱翔天際
是追夢的旅人,也是無畏的王者
幫助別人找到生命的意義

她感謝那個聲音
幫助她做出這個決定
因為那最簡單、最根本的真理──
你如此珍貴,不可輕易失去。

男子氣概

對溫柔的男孩來說
這個世界很難
太多壓力要求他
拿出男子氣概

高聲喧嚷的男孩
滿臉驕傲
誇耀大男人主義
才是正道

因為男孩不該
這樣傾訴
溫柔的心
只能走上孤獨的旅途

他們隱藏柔軟的思緒

淚水不敢被人看見
深怕被人貼上
脆弱愛哭的標籤

但我多希望這樣的男孩能明白
他們的心，終究會衝破禁錮
那份美好
永遠不會被抹除

強悍，不該成為標準
讓愛進駐心靈
不該只是
履行義務

我想養育溫柔的男孩
讓他們以真心自在表白

讚美每一滴淚水
歌頌每一分情感

讓世界擁有全新的眼光
讓溫柔的男孩自信而行
讓「男子氣概」的觀念
從此絕跡。

女人都明白

女人都明白
縱然在看似迷惘的時刻
我們依然明白
你,明白嗎?

對不明白的人而言
這種直覺無法言喻

但,我們就是明白
無須多說
就是這麼簡單

我認為
在這一生中
女人最悲傷的事
莫過於開始封閉

那份明白
那份直覺

因為那是一份禮物
來自那些無畏的女性前輩
她們走在我們之前
以勇氣
以烈焰
以火光
為我們鋪就道路

所以,繼續保持這份明白吧
我的朋友

讓這份明白
永遠流轉

這就是你的力量所在。

來自天堂的絲線

　　我看見你遙望著天際，心中滿是對摯愛之人的思念。我相信，你這一刻的舉動，蘊含著無窮的力量，因為此時此刻，至少有百萬顆心，也正緊繫著這片蒼穹。這股源自思念與愛的集體能量，勾畫出一幅值得想像的美好畫面。現

在,朋友,請與我一同想像:一百萬顆心正朝著天空閃耀,傳遞無盡的愛。而一百萬個靈魂,也回應著光輝的愛。於是,無數無形卻奇妙的愛的絲線,交織在這片大地之上,猶如來自天堂的絲線。

寶盒

九歲那年,他們送我一個小盒子
讓我珍藏所有心愛的寶貝
別緻的盒子閃閃發亮
每一面都刻著精巧的圖案

時光流逝,盒子漸漸滿溢
藏著我想永遠保存的記憶
那張戲票,訴說我們笑到無法自已
那條手鍊,是我們在海灘上並肩拾獲的記憶

隨著寶盒內日漸擁擠,盒縫也逐漸繃開
雕刻的紋路褪色漸暗
鉸鏈變得脆弱,鏽跡斑斑
精美的內襯也開始損壞

然而,盒中的寶貝依舊無恙

每次打開,喜悅依然璀璨如花
我彷彿踏上一段記憶的旅程
我走過的繽紛人生,正閃閃發光

如今,盒子早已破碎不堪
但它圓滿完成了使命
將生命的珍寶藏在甜蜜的心中
願我也能如它一般。

你是……

有人說，觀其飲食，便知其為人
但我認為，事情遠比那更為深沉
其實，人會像他所愛的人
以及他所珍惜的每一個事物，毫無疑問

有人說，你的價值，由你的作為所定義
對某些人來說，那或許是真理
但我相信，你，是你因何而笑
以及夜深人靜時浮現的念想

我認為，你是
所有穿透你靈魂的文字
你一遍遍播放的歌曲
也是那些讓你感到完整的人

你，是你的每一個溫柔舉措

你流淚的心痛
是你身上每一道傷創
以及你心中所有的夢想

你是你無法抑制的善良
是你大笑時，無法克制的鼻響
你，是彩虹裡所有的色彩
老實說，你如此豐富多姿，無人可擋。

太陽底下

我漸漸明白……
並非所有的光輝
都如表面所見
那般珍貴或真實

我漸漸明白……
無論我如何努力
總會有人發現
我未曾察覺的瑕疵

我漸漸明白……
生命中的那些女人
不只是我的朋友
更是我的姊妹

我漸漸明白……

握得太緊
最終只留下遺憾
和惱人的水泡

我漸漸明白……
我所選擇的這具身體
是我的家
但我,也只是過客,暫時落腳

我漸漸明白……
看似完美的人,也會掙扎、踉蹌
會動搖,會哭泣
如同我們所有人

我漸漸明白……
每個人所擁有的人生

都是絕無僅有的
一次性的黃金門票

我漸漸明白……
我們所傳遞的光芒
正是我們活在
太陽底下的意義。

如果你是某人陰鬱世界裡的
一道暖陽，
願你能為此感到驕傲──
世上再沒有比這更有意義的事。

If you are the sunshine in someone's
cloudy world, I hope you are proud;
there is little more valuable than that.

快樂

他們說快樂是一種選擇，但我認為，快樂更像是白天與黑夜的更替。

我們無法永遠保持喜悅，但也不會長時間沉浸於悲傷。喜怒哀樂就像太陽與月亮的更替，總是自然輪流著出現。然而，有時它們也能同時存在，或許有些奇怪，甚至讓人感到尷尬。這讓我們明白，生活不是非黑即白，情緒也擁有五彩斑斕的色彩，沒有任何事物能永遠保持不變。

他們說快樂是一種選擇，但我認為我們真正可以選擇的，應該是內心的平靜，平靜地接受生活中的一切，這樣就已足夠。

當我們以平靜為基礎，快樂會停留久一會兒，而悲傷也會隨著它該有的節奏來去自如。萬事，都有它的節奏。

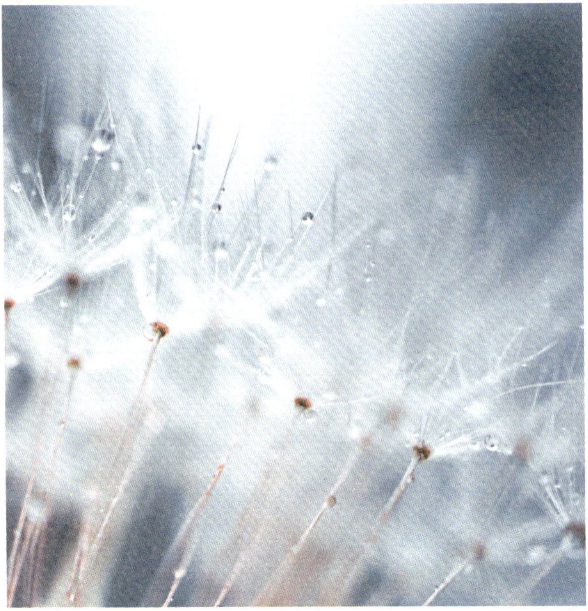

支柱

敬，那些支柱
那些從不言倦的力量
那些默默籌劃的心靈
那些始終可靠的存在
將一切撐起
無聲無息
卻從未獲得一絲謝意

如果可以，我想
對那些始終陪伴的人獻上敬意
他們直到精疲力竭才肯停息
總是夜裡最後一個睡去
又在黎明破曉時，最早奮起

敬你們
我們多麼需要你

卻又時常,將你忘記

在這裡看到自己的身影
或許
那便是對自己說出感謝的,一份肯定

你,是那一節一節的支柱
是撐起一切的,堅實守護。

生活不完美，希望卻如花盛放

明智地許願

　　你總是反覆想像所有可能出錯的狀況,在腦海中細細描繪令人恐懼的畫面,甚至是糟透的情境。不如換個角度吧?試著以絢麗的色彩,夢想那些美好且鼓舞人心的事物,想像它們如何完美實現。這樣做,你其實是在幫宇宙——那股將一切萬象緊密聯繫的能量——繪製一張為你量身打造的成長藍圖,一張指引你追尋渴望與滿足需求的地圖,一條通往喜悅與寧靜的道路。每當你幻想著美好的事物時,那就是在向星星傳達訊息,是悄悄喚醒星星的魔法。所以,小心你的願望,我的朋友,請明智地許願。

邊界

即將邁入人生新篇章之際,心中難免感到忐忑不安。那股想退回熟悉過去的衝動,總是讓人難以抗拒。然而,你必須勇敢往前走。即使是最感人的篇章,也終有畫下句點的一刻。如果你過度眷戀過往,你的故事將無法如願翻開新的一頁。在緬懷昔日的同時,你可能錯失生命中最璀璨的瞬間。

朋友,我知道,未知的邊界充滿恐懼,但請鼓起勇氣,縱身一躍。你的前方,有無數值得期待的美好,而珍貴的過去亦會永遠留存。

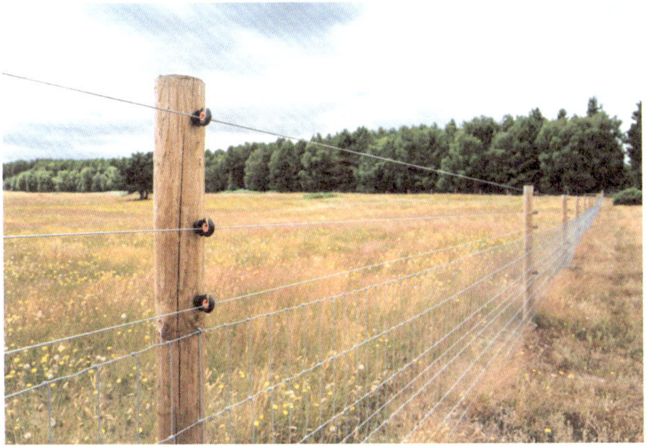

學會

或許,從沒人教過你
如何去愛
沒有人示範過
愛該如何運作
如何無條件地存在
也許,你只能獨自
在失敗中摸索
在犧牲裡成長
甚至割讓那些本該屬於你的領土
不只讓人參觀你的王國
更允許他們在你心裡落腳
在你腦中築巢
甚至,佔據你的床榻

或許,沒有人教過你
該如何去愛,朋友
但你仍在一次次艱難中
踏尋出自己的道路。

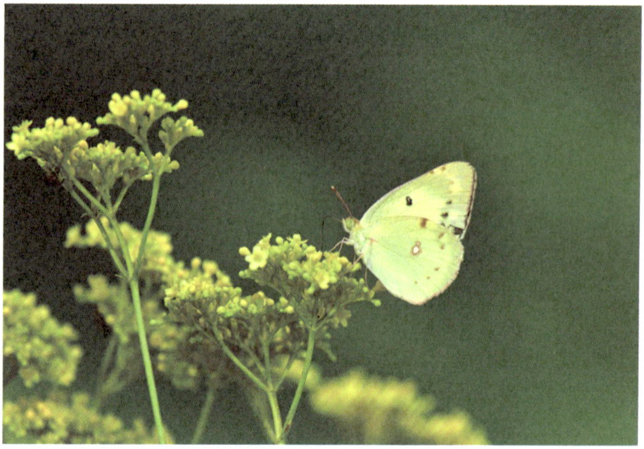

心所不欲

人們常說「心之所向，無可抵擋」，以此來為他們毀滅性的混亂做出解釋。但我從不怪罪心。我不認為愛情是從天而降的閃電，也不認為愛情會毫無預警襲擊幸福的家園，將我們擄往另一個世界。心，確實渴望愛，這無可否認，但心不會故意去傷害另一顆心。它從不會這麼做。

如果你將愛灌注於自己，愛自己、愛生活、愛周圍的人，那麼你的心必定會做出明智的選擇。它不會為了尋找更美的風景而逃避，儘管它或許會選擇獨行一段旅程。人們常說，心總是任性追求它所渴望的，但我認為，心最終渴望的，永遠是平靜。不要將閃電般的毀滅，或摧毀家庭的流星，怪罪於心──那完全是另一回事。

燈塔與礁岩

某些靈魂天生似燈塔
這是他們無可抗拒的宿命
他們內心的光芒滿溢
只能慷慨地投向人間
照亮漆黑的夜空

而有些人注定如礁岩
這也同樣是命運的安排
歲月讓他們日漸硬實
淬出鋒利的稜角
崎嶇的邊緣碾碎無數心靈
甚至不曾看見那些殘骸
或是在他們面前，正載浮載沉的生還者

有人化身為燈
有人變形為石

你必要學會辨識他們的本質
以同等的眼光看待
因為他們的存在,皆不可漠視

一個指引你該追尋的方向
一個警示你當迴避的險阻

讓心追隨燈塔的指引
讓眼覺察礁岩的隱患

如此,你便不會重蹈覆轍。

繩梯

我曾見過一首詩拯救生命

我曾見過,寥寥數語
長出手腳
闖入火場
拖出垂死的生命

你也許只看到成排的字跡
然而,我所見的,是一道繩梯
由字母編織,從深谷攀援
迎向更為光明的日子

我看到一盞明燈
一艘救生艇
一架直升機
盤旋在群山之中

搜尋迷途的人兒

我看見先祖的智慧
來自蒼穹的啟迪
我看到希望——
那長著翅膀的精靈

你或許覺得詩歌可有可無
但若你曾如我一般
見證詩句為空虛的心肺注入生命
你一定,會重新思量詩歌的價值。

歷經風雨之後，願你能好好善待自己；
畢竟，每個人都值得在歸屬之所，
被溫柔以待。

*I hope you go easy on yourself
after all you have been through;
everyone deserves kindness at home.*

星塵

有人說，我們的骨骼
與海洋中絢麗閃耀
令人屏息的珊瑚
成分幾乎如出一轍

也有人說，爆炸成超新星的恆星
構築成我們靈魂的所有元素

因此，當你感到自己渺小
微不足道之時
親愛的，請記住：

你是由星塵構成
如巍峨的群山，如浩渺的海洋
都是壯麗天地的一部分

讓你心生讚嘆的事物
呼喚你返家的奇蹟
它們之所以能觸動你,是有充分理由的
你確實是星塵構成
你,理所當然,屬於這片天地。

內心那疲憊的孩子

有一種疲憊，無法用睡眠消除；有一種倦意，無法靠休息緩解。當這份疲憊降臨時，朋友，請看看你內心的那個孩子。她，是你的能量泉源，是點燃內心燈火的火種。當你的火焰漸漸微弱時，正是她帶著青春的力量、無窮的朝氣和希望，將其重新點燃。

倘若那個小女孩感到疲憊，光芒不再閃耀，請你給予她多一些關懷。她渴望自由，渴望在遼闊的天地間奔跑，渴望蛋糕、歡笑和快樂。她想要玩耍，我的朋友，讓她盡情地玩耍吧。有一種疲憊，無法用睡眠對抗，但在月光下縱聲大笑，在赤腳走進海水的瞬間……一定能夠辦到。

歸海

當我的心跳停止時
請將我撒向大海,親愛的

將我的骨灰撒於海面
虔誠凝睇
月亮號令她的浪濤
擁抱我的每一粒塵埃
將我帶入這個我有幸漫遊的神奇星球的
無垠心海

當你最為想念我時
請來到海邊,親愛的

來到海邊
讓大自然提醒你
我們依然緊緊相繫

即使我們長年行走於這片大地之上
依然是它骨血的一部分
永遠、永遠

當你佇立於水畔
我將以全部靈魂升起
化作微風,輕輕拂過你的頸間髮絲
為你的心注入生機

當我的心跳停止時
請帶我到海邊,親愛的
帶我回家。

Chapter 4

讓靈魂自由綻放

輕輕放下那些不屬於你的沉重
為心空出一個溫柔的角落
就在那裡，希望將如暖陽升起
照亮你最真實的模樣
你的靈魂，終於能無所畏懼地
自由綻放

少做一點事

　　眼前的任務如此繁重，你僵在原地，動彈不得、無法開始。不妨先坐下來吧！不要把眼前的事物視為一個龐大的整體，把注意力放在其中一個小細節上——也許是一隻鞋，缺少了它的另一半。先將鞋子湊齊，放回原本的位置。接著，重新坐下，想想當初是在哪裡買了這雙鞋，那一天又經歷了什麼，不管這段回憶多麼尋常，都給它一個微笑。然後，再選擇另一件小事，重複這個過程。

　　邁出微小的步伐，總好過淹沒在茫茫大海中。你的思緒也是如此。當腦海過於混亂時，坐下來，一次專注一個想法，仔細觀察，用內心真實的聲音，而非嚴苛的批判，輕輕地，將它放回該有的位置。想完成更多目標，那就先坐下來，少做一點事吧！

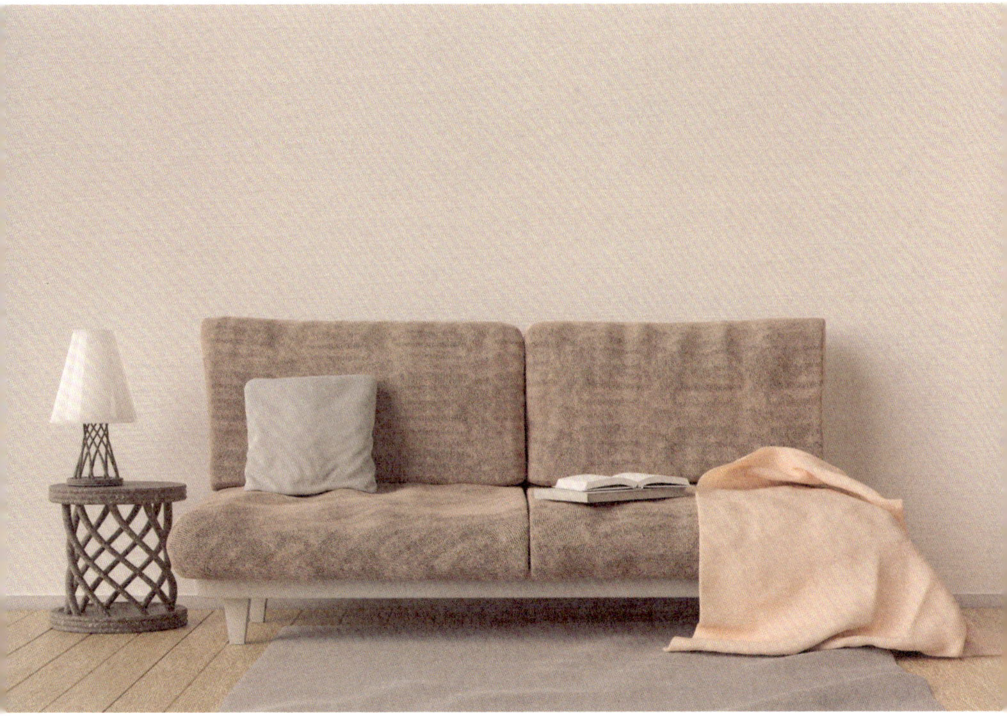

助人之道

當不幸降臨時
我們時常徬徨失措
一再犯錯
能做的事,卻寥寥無幾
但請記得──

一切皆潛藏於能量之中
而你的意念,亦擁有力量

在你的一隅天地
以善意作為你專注的目標
你會發現
這份善意能掀起漣漪
波紋層層擴散,匯成滾滾浪濤
穩定持續的小波浪

日復一日,年復一年
終究也能移山

你的善良
你的關懷
你的希望
都有分量
將它們傳遞出去
傳遞出去

每當你為陌生人送上祝福
為他們祈求平安
我相信
宇宙也在傾聽。

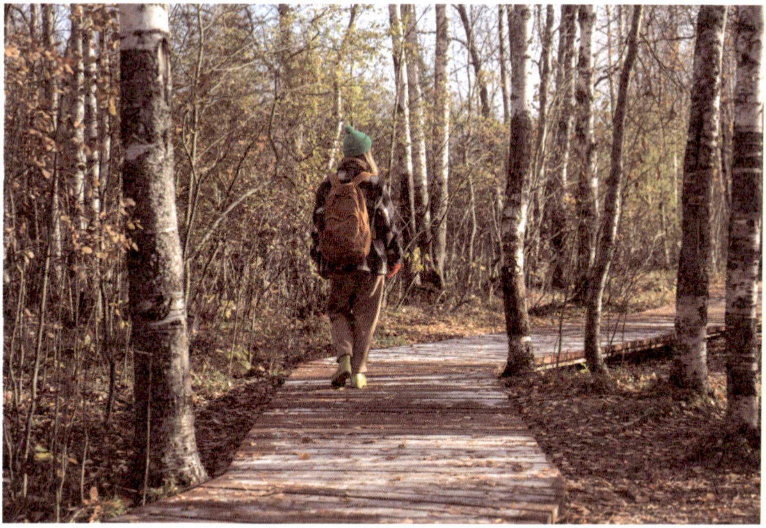

女性前輩

　　在你人生的旅程中，伴你同行的，不只有你的母親，還有她的母親，以及她母親的母親。更有這些女性長輩的摯友——她們的愛，並非來自血緣，而是出於真摯的選擇。甚至在她們之前，無數代的女性，來自過去的女性力量，也正以深沉的敬意凝視著你，望著你往前走，活得更充實自在，輕鬆適應一切，超越她們當年的每一步伐——這正是她們的期待。

　　因此，當你感到沮喪、孤獨或缺乏關愛時，請記住她們，感受她們的存在，她們始終陪伴著你，你所做的每一件事，都閃耀著她們無盡的光輝。朋友，你是許多女性前輩的「縮影」。如同她們為你鋪設了道路，你也將為未來的女性開闢新的征途——這是何等壯麗且永無止境的精神傳承。

天堂的孩子

一隻知更鳥飛來
停落在我的樹木枝椏
我低聲對牠細語
告訴牠,我想
你正等著我吧

牠搖了搖那柔軟的頭顱
顯然不服

天堂的孩子,你知道的
其實開心且愉快

他們不知恐懼
也沒有寡歡鬱鬱
他們終日陶醉於
幸福忘懷裡

他們沐浴在
祖先的愛之中
手握樹枝和皮球
盡情地奔跑嬉遊

天堂的孩子
唯有一件傷心事
那就是,當他們俯瞰
曾經擁有的人生時

他們所愛的人
彷彿失去了靈魂
即使還不到他們
來到彼岸的時分

所以,振作吧,知更鳥說

別讓淚水繼續滴落
你的孩子自由無拘
快樂玩著木棍和皮球

他們不急於
立刻與你重逢相遇
你有未竟的人生
還要創造諸多回憶

在地上的時間
或許流逝緩慢
但在天堂,卻是浮光一瞬
很快,你們就能相會於彼岸

所以，一切順其自然
讓世界繼續運轉
天堂的孩子，你知道的
其實開心且愉快。

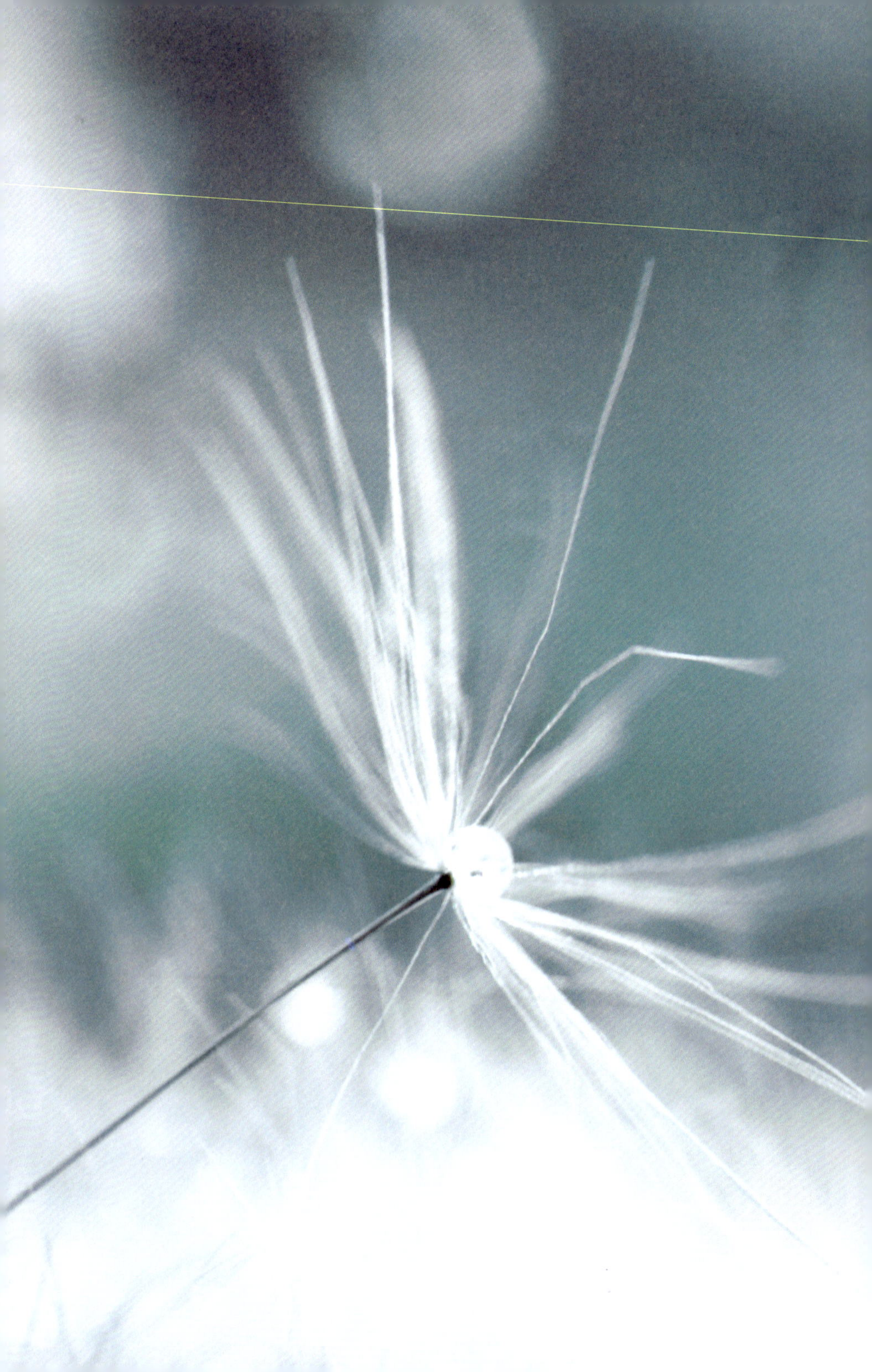

如果我能為你祈禱一件事，那便是
願你的傷口終能癒合。
這道心靈的創傷，
已經在你心中停留了太久。

If I could hope just one thing for you,
it would be to heal. Your wounds
have been open long enough.

太陽

　　最重要的是,你要牢記,太陽始終會照耀著大地。無論烏雲如何堆疊,無論你多久未曾感受到陽光,太陽始終存在,努力穿透雲層,溫暖大地,喚醒生命。如同你能感覺到太陽的存在,太陽也渴望照亮你那疲憊的身心。她始終站在你這一邊。相信她,即便烏雲將其遮掩。即便世界被黑暗籠罩。有時,只要你記得她的存在,就能從中找到振作的力量。

　　太陽始終不曾遠離,太陽永遠、永遠都在。

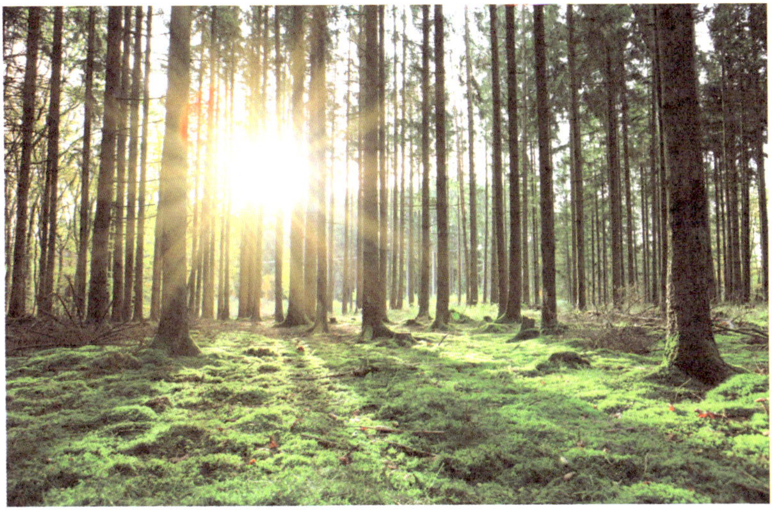

他們的光,終將找到你

每個人的內心
都隱藏著一束光
眼睛無法捕捉
但心,能感知到它的存在

我們人生的軌跡
就彷彿是這束光的旅程
也照亮我們所珍愛的人

因此,當摯愛離開後
我們的世界會陷入一片黑暗
因為他們那道看不見、但能感受到的光
也跟著消逝了

隨著歲月流轉
時光會讓離開的人在他方安頓

而我向你保證，那束光——
會從全新的方向
重新照耀我們
或許依然無法目睹
但，啊，我們會感受到它的存在

撐過那段黯淡的時期
他們的光，終將找到你
當它照進你的生命
就永遠不會再消逝
黑暗，也將永遠不再來。

過客

你並非這片土地的兒女
只是生於斯
被賜予踏足此地的恩典
但無法真正擁有任何一寸的土地

你只是過客，朋友
我們都是過客
這真理，大地之母時時提醒著

她挾狂風怒吼
以暴雨傾瀉
讓洶湧的大海翻騰
洗去人類勝利的掠奪
愚行，與佔有的痕跡

不,她說,這不屬於你
你只是過客

做個好客人吧
珍惜你所生長的土地
當他人遭逢地震的動盪
請敞開胸懷,接納他們

你並非這片土地的兒女
只是被賜予踏足此地的恩典
請善用這份贈禮

善用這份饋贈。

荒野

多少時光蹉跎
只為追尋善良
努力成為某種
他人理解的模樣

當世上大多數人
循著同樣的軌跡
我們早已分不清
誰在扮演，誰在遊戲

我們收斂鋒芒，步步退縮
把自己變得渺小
只為融入，只為討好
輕聲附和一句好

而心靈深處

那個飢渴的孩童
依然渴望，依舊好奇
荒野的種種

她品味空氣
尋找渴望已久的變革之風
一個她可以重新
遊戲的天地

直到為時已晚
我們才聽見她悲傷的呼喚
但時日已不多
河流亦已涸乾

別讓內心的孩子
寫下悲傷的這一頁
釋放她吧，現在還來得及
讓她重返那片荒野。

飛

有些孩子一旦離巢
便飛得越來越遠
不再歸來
不再重聚
也不曾捎來隻字片語
有些雛鳥展翅離去
便是徹底
遠走了

母鳥所能做的只有
懷抱希望
傾盡所能
傳遞愛意
向樹木低語
對蝴蝶呢喃

朝日日掠過的飛鳥祈願
願他們能收到這些心語

母鳥靜靜等待
懷著滿腔的母愛
等待著雛鳥甦醒
記起藏於血脈深處的地圖

記起
返巢的那條路。

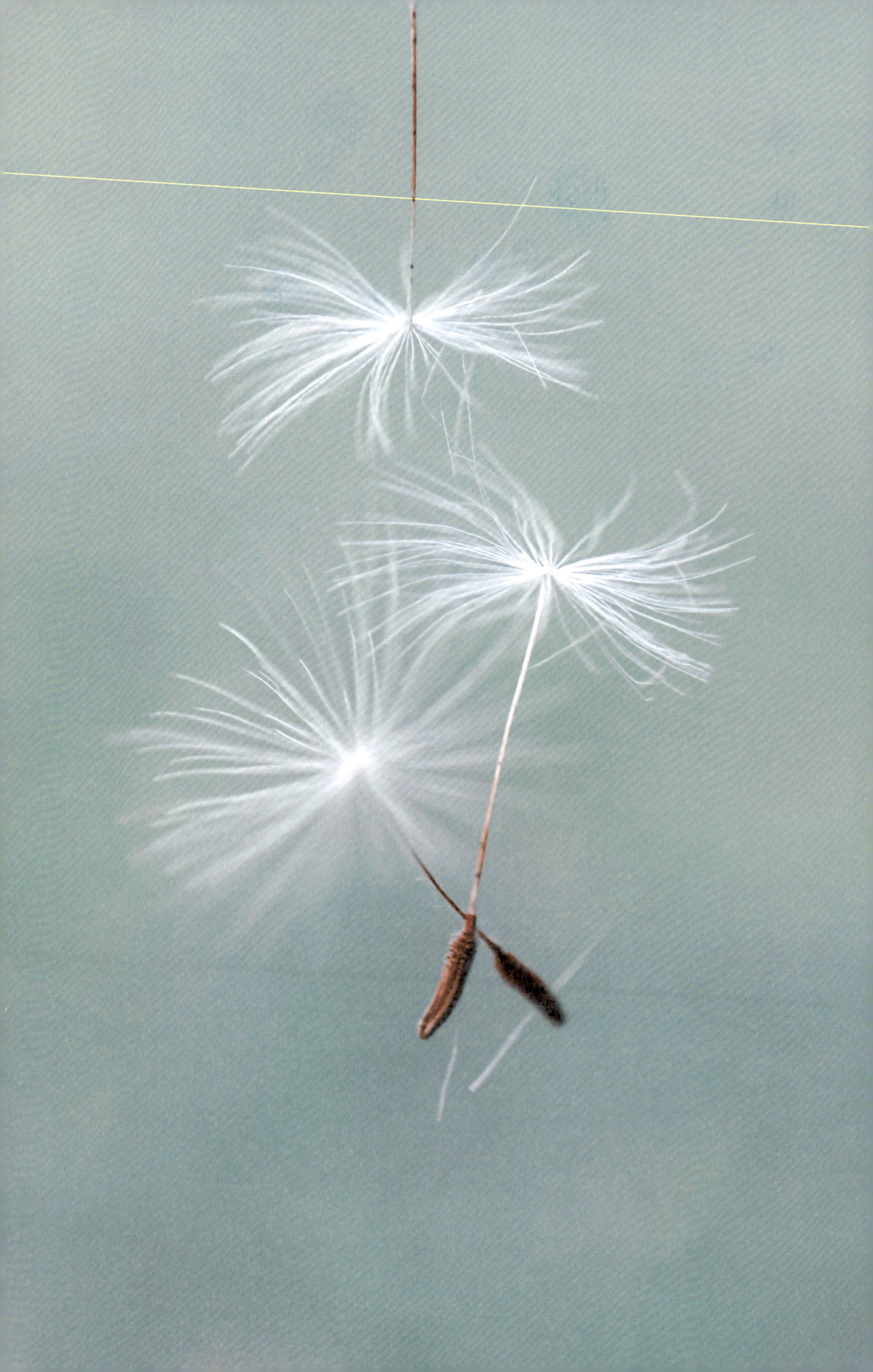

魔法

你必須相信魔法。即使在最陰晦的日子,光線稀薄,你也要在心中留下一方空間,讓美好得以生根、發芽,直到茁壯成長。讓魔法進來,甚至,主動去尋覓它,美麗的瞬間無處不在,就等待著你的發掘。

每當你在泥濘之中發現剎那的美,就是在提醒體內的每一個細胞,生活不只是日曆上一個個日期,或是清單上一件件瑣事。生活,是萬物交會而成的萬花筒,而你,也是這個藝術作品中,既複雜又迷人的一塊。

睡前

把愧疚放在地板
與拖鞋睡袍為伴
讓憂慮也在那裡歇息
再放羞恥和尷尬從門縫溜走
你的身邊,不留它們的位置

讓歡笑的記憶
溫暖的話語
充盈心頭的每一角落
記住摯愛的笑容
讓這些珍貴的寶貝
伴你入眠

你已盡力走過這一天
靠著一顆充滿愛的心帶路

辛勤工作，無私付出
這，夠了
所以，黑暗的重擔
就託付給上天吧

快安歇吧，闔上雙眼
讓恐懼消融
向你渴望的沉睡屈服
把一切交付生命的循環
迎接夢境
等待新的一天。

你的故事

她寫下了一本藍色的書
字裡行間,都是她的心聲
只是,直到她離開這個世界
依然無人翻閱

自尊的枷鎖
讓她無法分享
但她筆下的文字
一字一句都流露著溫暖與關懷

有一天
在尋找家族歷史的過程中
她的孫女偶然發現了這本藍書

這本塵封的舊冊
她讀到入迷

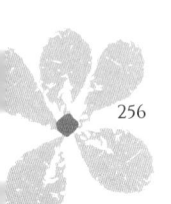

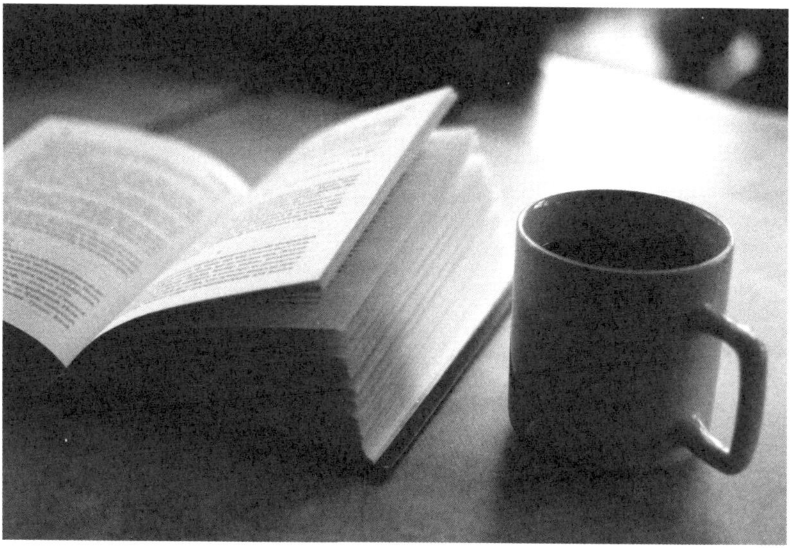

每翻過一頁
都彷彿向歸途邁進了一步

她迫不及待打開筆電
與世界分享
書中
一篇篇美麗的記事

心碎與堅韌的故事
失去、關愛與收穫的篇章
這場充滿智慧的生命旅程
終於掙脫了羞愧的枷鎖

那些篇章
讓世人為之陶醉
原來,她的疑慮和憂愁

不過是內心投下的陰影

她的文字,彷彿救生艇
拯救迷失於大海的靈魂
她的思緒,化為一支支火炬
點亮無數人的眼眸

所以,寫下你的故事吧
不論是紅色的皮,還是藍色的紙
這世界上,總有人需要讀到
你的經歷、你的舊事

當歲月遠去
當你漸漸淡出他們的視線中
你的筆記將會為他們述說
你的故事。

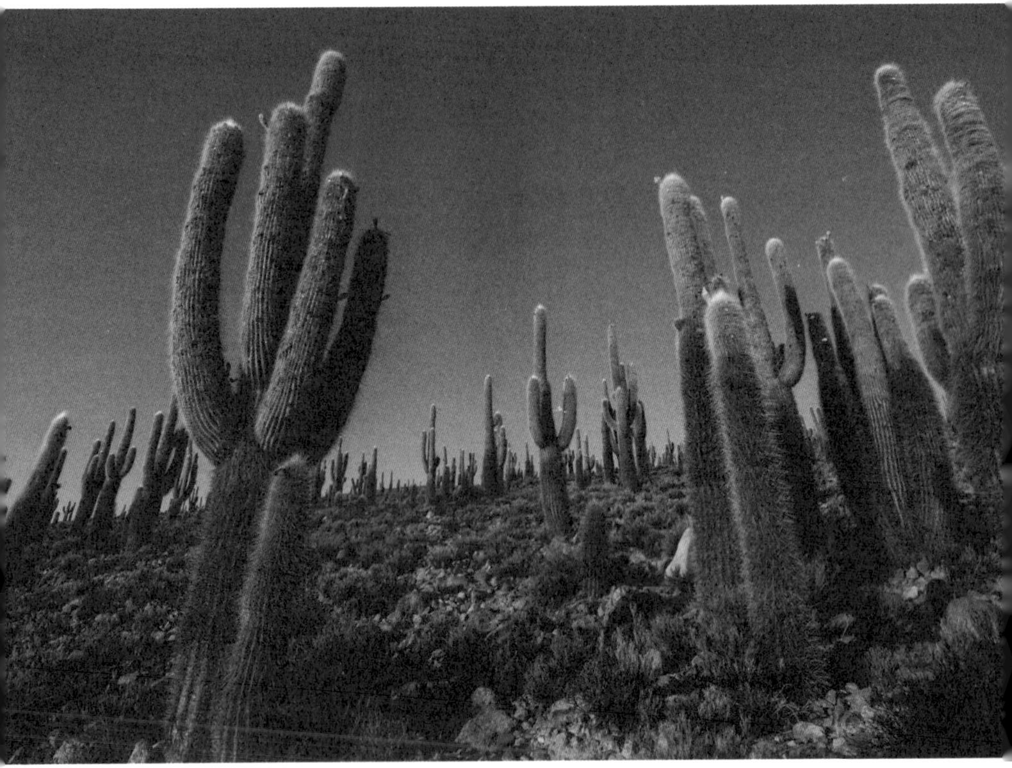

小爭執

別再讓自己捲入小爭執,那些無謂的爭論,就留給小心眼的人去費神吧!當他們為今日新聞斤斤計較時,你有更重要的事要做——你有真正值得奮鬥的戰役,值得傾注全部熱忱的工作,比如,掙脫自設的牢籠,為後人開闢一條自由成長的道路——當我們離去許久後,仍舊重要的事。這些戰役,看似勝算渺茫,但只要我們團結一致,就能展現不屈不撓的精神。

那些無謂的爭執,就留給小心眼的人去費神吧,把你寶貴的能量,留給那些能夠點燃激發你內在戰士之魂、激發心中怒火的理想吧!

偷走業力的賊

　　我總覺得，業力就像一個巨大的光罐，藏在我們的靈魂深處。每當我們說善意的話語，或是行善助人，便從這個罐中取出一縷光芒，將它送給別人。而業力這股神奇的力量，總會在我們最需要的時候，將那縷光芒送回我們的身邊。由於當初我們是真心誠意地奉獻，所以，當那縷光芒歸來時，會變得更加璀璨。

　　然而，當我們說出刻薄的話，或是做出不正當的行為，我們同樣也從光罐中取走了光芒——但這一次，它不會再回來了。它被消耗、被浪費，最終沒入黑暗，從未實現它應有的價值：讓世界變得更美好。這種惡意，這種白白浪費的光，不只與我們對待他人的方式有關，也跟我們對待自己的方式脫不了干係。所以，當你疑惑，為什麼你的業力沒有如實反映你的善良時，不妨看看你內心的批評者吧——她是否一直很忙，忙著偷走你的光？

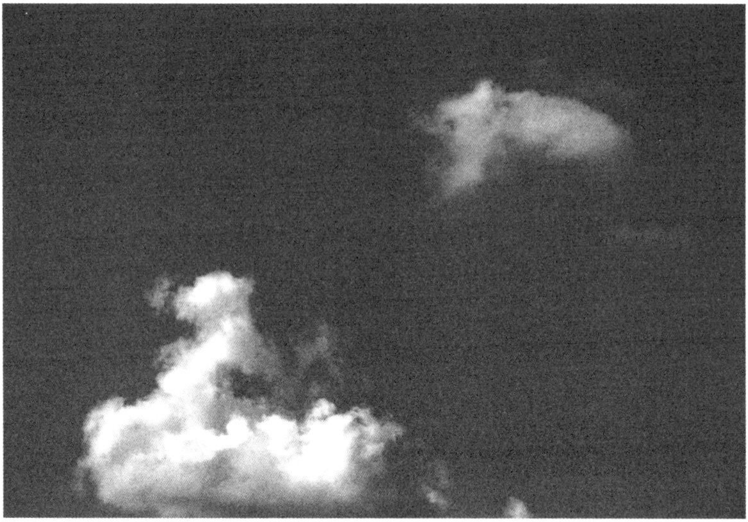

最好的你

試想，如果月亮拒絕發光
因為太陽更耀眼

如果溪流停止流動
因為江河更奔騰

如果雪花不敢飄落
因為雨水更急促

行星隱去光輝
因為星辰更璀璨

如果大自然也學會比較
這將是個怎樣的世界呢？

如果花朵不再綻放

因為鄰株更嬌豔

我的朋友
別再如此愚昧

世間無人能成為你
你,已是最好的你。

他們此刻的平靜

那些你失去的人
無論身處何方
已不再憤怒
不再懷恨
不再承受傷痛
不再囤積遺憾
也不再在意
報仇,或雪恨

他們已然安息

若你相信
他們的靈魂仍與我們同在
那麼,你也應該相信
他們唯一的願望
是我們能感受到

他們如今擁有的平靜
以及，他們的愛

所以，若此刻你仍舊沉浸於悲痛
為了悼念已遠去的摯愛
請試著將這些情感交付天際吧

他們會為你接住
讓一切隨風而去
那些你失去的人
已不再憤怒
他們已然安息
讓他們與你分享
他們此刻的平靜
那份來之不易的安寧。

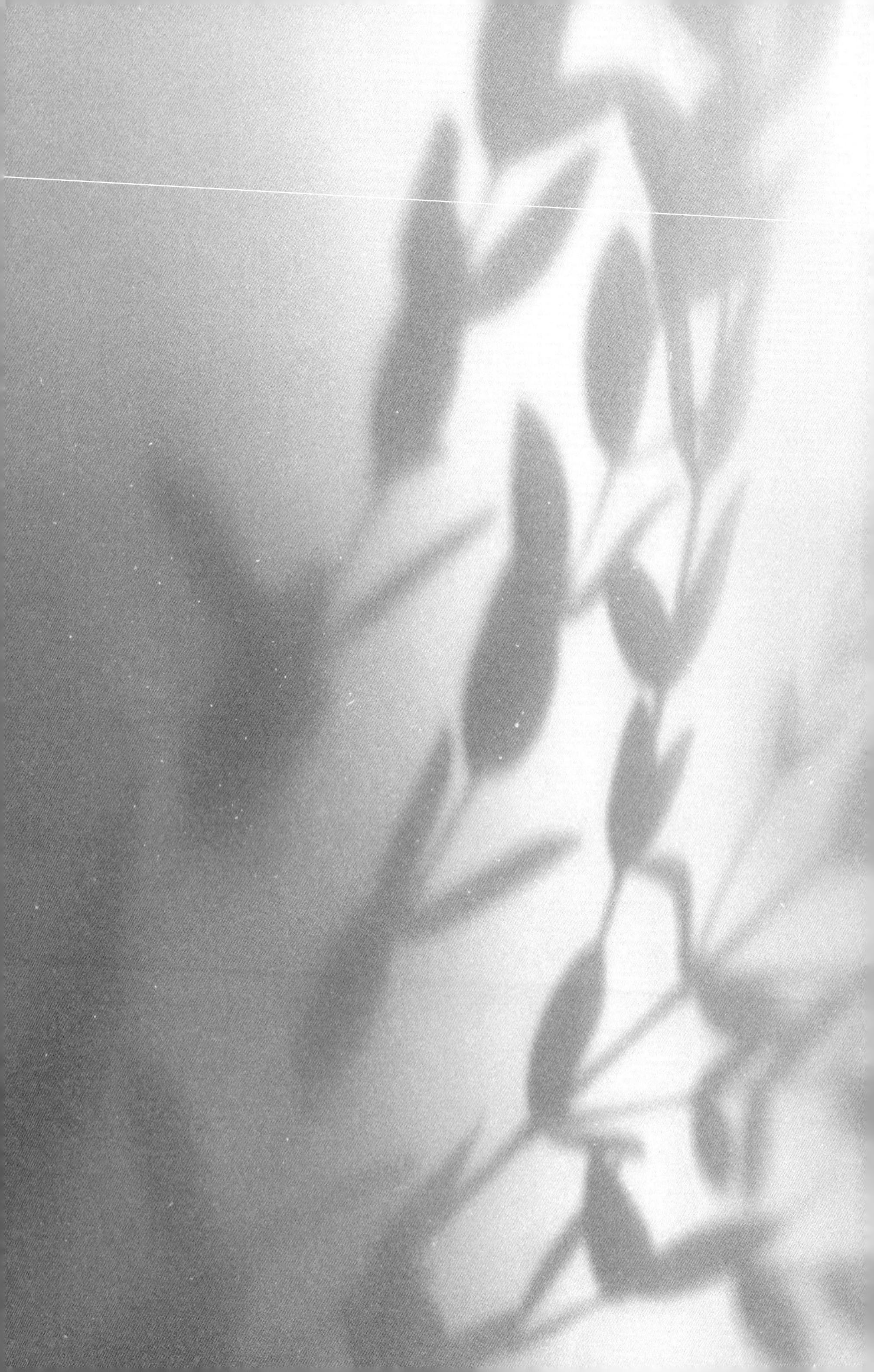

親愛的,我將以靈魂之姿,
悄悄來到你身邊,
輕輕拭去你眼中的淚。
我也希望,你能常常將你的笑聲送給我——
那是我最珍愛的音符。

*I will come in spirit to dry your tears,
my love, but I hope you will gift me your laughter
often too - my favourite sound of all.*

來,與我同坐

如果你老是過頭
過於感性
過於敏感
過於吵鬧
過於誠實
過於深沉
過於充滿愛——

來吧,與我同坐

我們把這些過頭收集起來
投向天上的那輪玉盤
任它們散落在星空的每一隅
讓這些過頭
在星光中尋覓慰藉
無限延伸

最後，以一道光
過於人性的光
照亮世間
只為一個人

如果你老是過頭
來吧，與我同坐，朋友

我喜歡這份過頭
在我身旁
你可以毫無顧忌地過頭
甚至進一步地──過頭。

我愛的是你的古怪

　　讓我告訴你一個小祕密：我所遇過最迷人的人，都有一點古怪。他們的與眾不同，讓人移不開目光；他們的靈魂像洋蔥，每揭開一層，都閃爍著不可思議的光芒，讓人驚豔不已。每一次靠近，我都屏息以待，期待聽見他們說出珍珠般的智慧妙語，或從生活的海盜寶箱中，翻出奇妙的寶藏，或分享在尋覓生命真諦的過程中驚心動魄的冒險，讓我進一步體會人生。那些自由不拘的靈魂，我著迷於他們的古怪，總能為我帶來新奇而美妙的趣味。

　　所以，親愛的，別因為我而披上「正常」的外衣，我想看到的，就是你最純粹的模樣——你的古怪，才是我最想遇見的你。

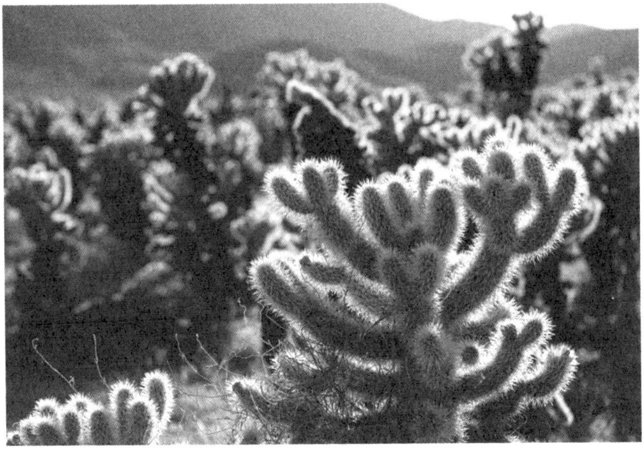

自由綻放的希望

你無法馴服希望
或讓它在意事實
你也無法羞辱希望
或與它談論匱乏與損失

希望不會聆聽你的憂慮
更不回應你的恐懼
它只傾聽你的靈魂低語
你內心小孩的淚滴

希望在痛苦中誕生
迎向風暴,挺住地震
穿越燎灼烈焰
逐步將火海平撫

你無法馴服希望

也無法讓它臣服
它四處生長,無拘無束
不求回報——
因為希望無須任何支付

只要你願意觸及靈魂的深處
在最本能的地方
你會發現——
希望早已恣意滋長
深深扎根,狂野綻放。

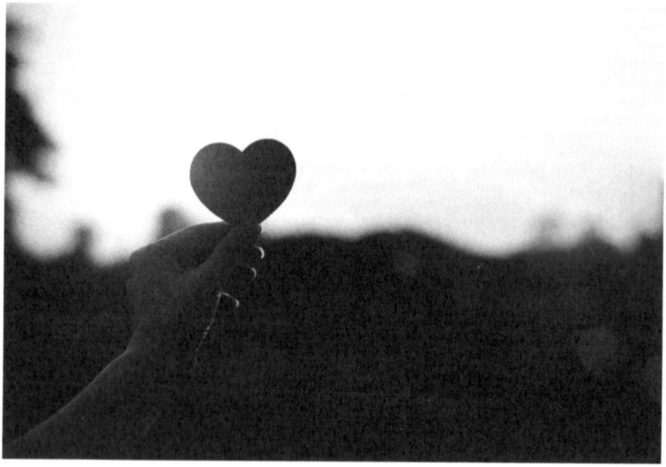

愛，先來了

　　失去之後，你無法真正「走出」悲傷，但你必須學會與她「同行」。你必須與悲傷牽手，接納她的到來，因為從今以後，你們將生活在一個屋簷下。替她拉把椅子，讓她坐到餐桌旁，說幾句安慰的話。她並非你最初想像的怪物；她其實只是——愛。今後，她將與你同行，靜靜地陪在你的身邊，如果你願意讓她存在。當憤怒翻湧時，請記得她的來意，請記得她代表著什麼。

　　請記住——朋友，悲傷之所以造訪，是因為愛早一步來過。愛，先來了。

沒有你的日子

所有沒有你的第一次
像沉重的落錘,一記記猛烈撞來
耗盡了與你最後的回憶後
新的悲傷浮現：
再也沒有這些里程碑了
那麼,然後呢?

我以為,此後的日子,必然是沒有你了
直到收音機播起了你的歌
我感受到你的微笑
感受它給予肌膚的暖熱

然後,在那個驕傲的瞬間——
那個我曾以為我永遠看不見的時刻
你就在我的肩旁
我知道的

當面對困難的決定
不知怎的,你的建議就會浮現
彷彿你早已將它埋在我心底

所以,我在這裡
迎接你派來的知更鳥
向落下的羽毛和
你畫出的彩虹打聲招呼
終於我領悟──
我們的故事還沒有結束
新的篇章,已開啟序幕

雖然不同以往
但仍是某種存在
而在重逢之前
我會將它拼湊圓滿。

亮出你的牌

我知道這很難
讓人看見真實的你
就像在牌局的開端
即攤開所有的牌
這注定難以翻盤

但人生不是一場牌局
這個世界需要真實的你

外面有太多的應聲蟲
把一切藏在心中
機械地過著生活，匆匆
而其中，至少有一個人
正用渴望的眼神搜尋
能夠效仿的對象
一個敢於展現自我靈魂的人

儘管生命中有失去、有獲得
也依然堅持自我

若你願將自己坦然示人
他們會綻放如春光
你也會一同盛放
這份循環,將不斷綿長

你或許贏不了這場牌局,朋友
但若有人因你而綻放
你就是贏家

勇敢吧
這個世界,需要你的勇氣啊。

善良

　　大多數人都是善良的。大多數人會親吻寵物道別,會在孩子入睡前,再唸最後一則故事。大多數人,即使生活已經忙碌不堪,也會抽空去探望爺爺奶奶;會在漫長的一天結束後,順道去看看那位很久沒有消息的朋友。大多數人,即使他們已經遲到了,也會把購物推車歸位,會讓只買一樣東西的人先結帳;大多數人在手頭緊時,仍願意捐款;大多數人會為素未謀面的人擔憂,日復一日,從未止息。當世界讓你感到灰暗時,請記住——這世上,大多數人,都是善良的。

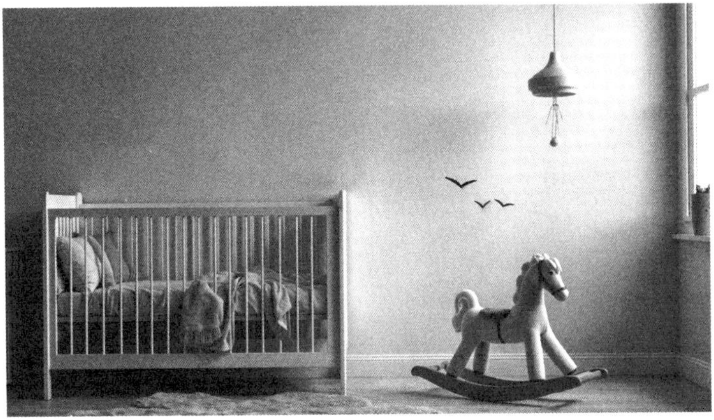

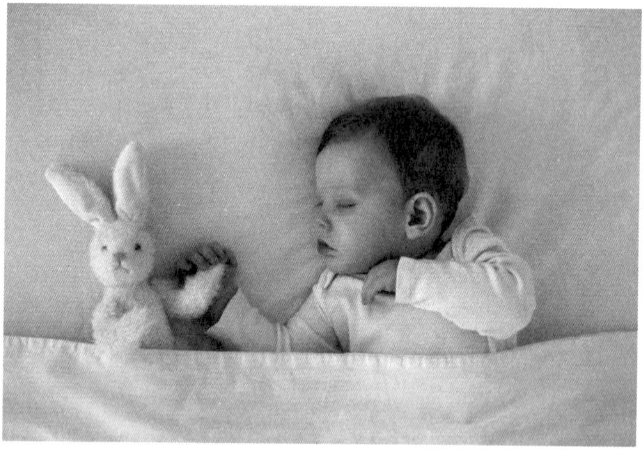

你的那件事

你的那件事,你擅長的、從小就吸引你的那件事——它為你帶來了世界上其他人無法體會的感受。你應該多做這件事,不管它是否能為你帶來財富,也不管其他人是否認為它值得。這是專屬於你自己的事。

每當另一個人也做了他們的那件事時,宇宙就會發生一點變化。就像拼圖中的一塊,這件事或許不被重視,但它確實具有意義。

所以,你必須再做一次那件事,朋友。這很重要。

希望,深藏於內,
它是你骨骼中的縫隙,
使其結構如此繁複而堅固。
當骨頭斷裂時,請輕輕包紮;
希望,會自行痊癒。

Hope lives deep; it's the empty space
within your bones that makes them so
intricately strong. And when they break,
strap them up; hope will mend itself.

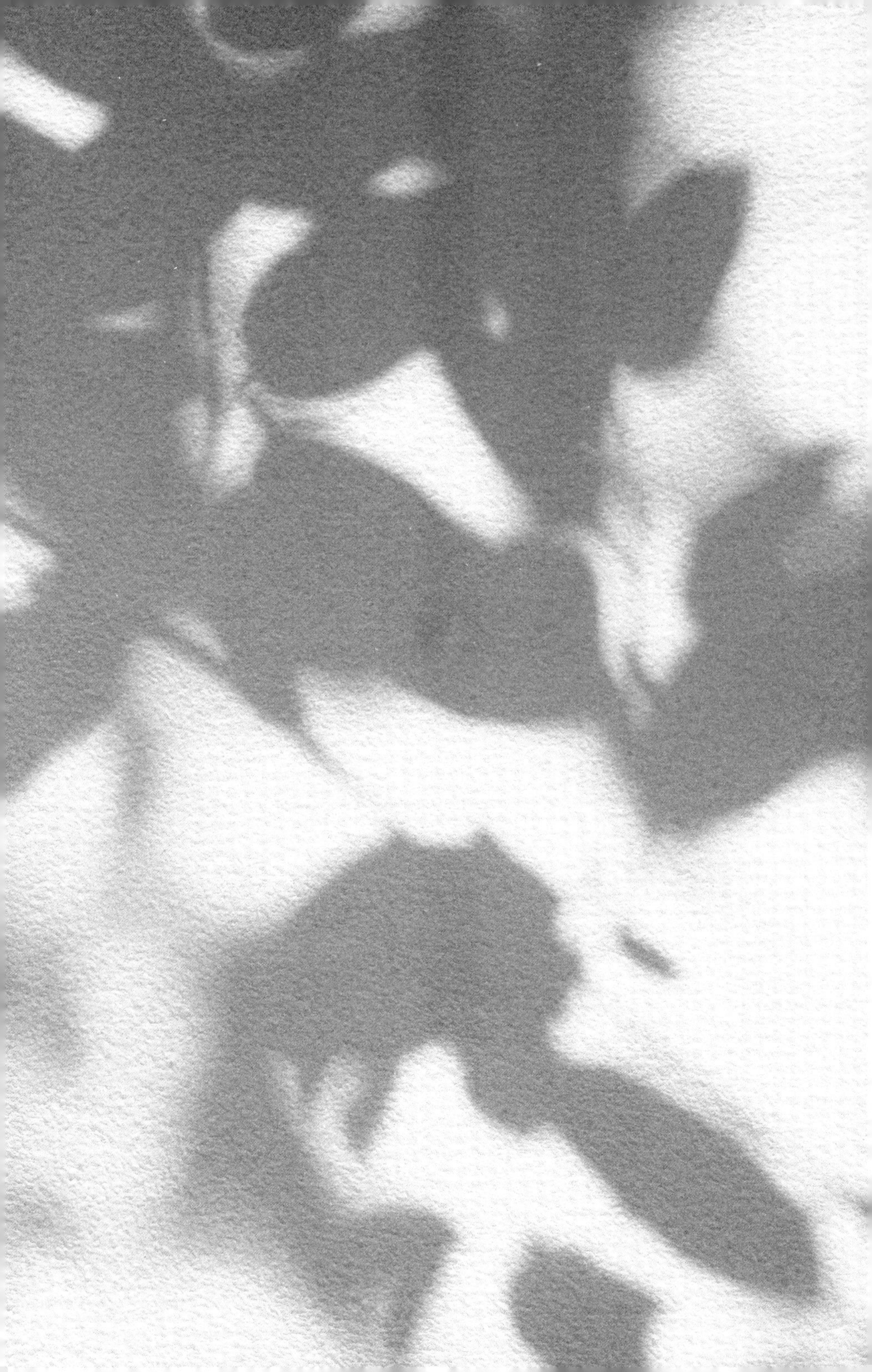

野性之子

獻給那些養育著
野性之子的母親們
那些不該被馴服的
稀有的
無所畏懼的
珍貴的靈魂

你們正在將星塵
捏塑成人的模樣
看顧著月光
直到它能指引潮汐
照亮黑夜

別指望這個世界會注意
你那顆尚未琢磨的鑽石
它尚未閃耀光輝
無人能識其珍貴

但總有一天
世人將無法
從那光芒中
移開目光

向養育野性之子的母親致意
你們是星辰的採集者
月光的捕手
與夢想的編織師

你們必定精疲力盡

將星光捏塑成人
本就是趟艱難的旅程
而你們，如此堅韌。

摯友

他們說，好友就如星子
不常相見
卻始終在彼此身邊
我深深體會到這個真理

有些日子實在太忙
無暇關心我的星星們是否安好
而我的腦袋——不，等等，是我的心
卻總能不知不覺地
傳達那份牽掛

我願相信這份情意
總能到達它該去的地方
就像那句話
若你需要我，我在這裡
我常常想到你

穿越大氣層升空
在群星間流轉
直到找到那顆
我想傳遞的星辰
你

如果好友真的如星辰
那我,便是在與我的星辰們
玩著一場,由美麗、感恩的意念所構成的
宇宙彈珠檯遊戲
偶爾,我也會會拿起電話
但我永遠、永遠都在這裡
永遠、永遠都會在。

昨日的垃圾

　　黑夜必將迎來白晝，歡樂過後，也難免出現苦澀。春天過後必是夏天來臨，美好的時光總會經歷低潮，這是每個人無法避開的旅程。你只須記住：沒有永恆的時刻。當困境來臨，彷彿末日降臨，讓你質疑自己能否撐過下一秒，但你必將度過，因為你早已經歷無數次這樣的考驗。

　　你可以哀傷，你可以憤怒，你可以問天：為什麼是我？這都是人性最真實的樣貌。但是，當怒火平息，悲憤消散，就學會放手，如同放下從烤箱裡取出的烤盤，空出你的雙手吧！唯有放下昨日的垃圾，才能迎接嶄新的美好，因為風暴終將遠去，天空必會轉晴。

　　如果你始終背負著昨日的垃圾，怎麼得到屬於你的美好？讓每一個黎明都成為與過去告別的契機，翻開全新的扉頁，開啟嶄新的生活。

　　空出你的雙手吧！

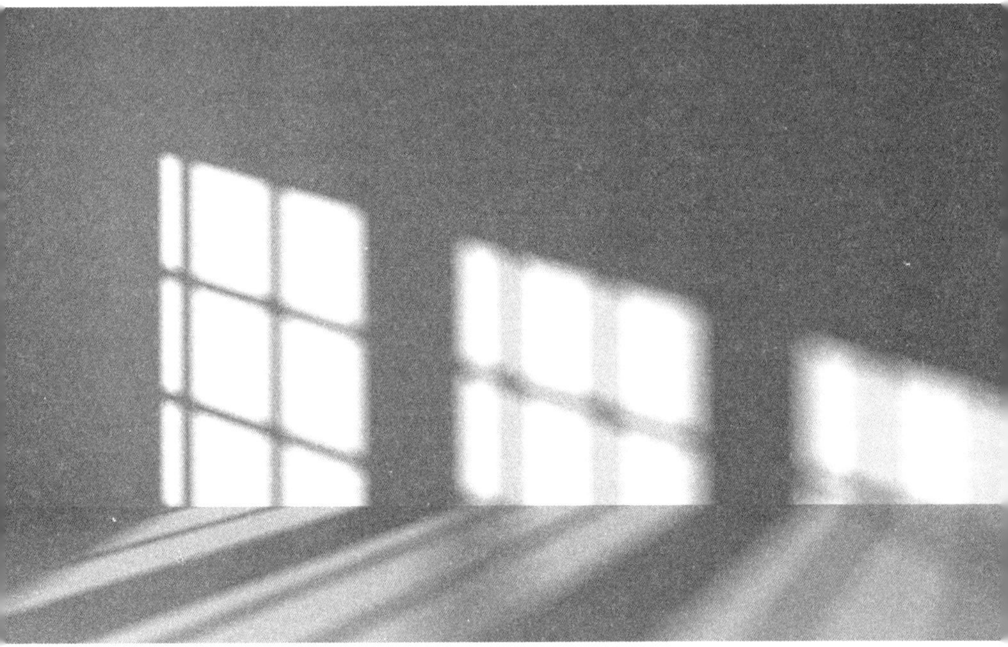

小手指

我依然能感受到
那小小的手指,繞著我的拇指
細細的睫毛,輕拂我的臉龐
恍若昨日,我還能單手抱著你
輕輕搖晃,哄你入眠

我記得你蹣跚的步伐
努力站直的模樣
每一次成功
喜悅在你眼眸閃動
我也記得從你床邊趕走的
每一隻怪獸
我總是輕聲安慰
當你大哭的時候

我依然是那個牽掛的媽媽
惦念你的生活是否順遂
擔心我給予你，是否足夠
讓你擁有一切，別無所求
但說實話，孩子啊
我只願你擁有愛
以及童年時
那份好奇純真的心態

展翅高飛的你
飛得比我更高更遠了
寶貝，這正是生命傳承的意義
然而，在我的心中，你依然是──
那小小的手指，繞著我的拇指
而我，依然輕輕搖晃著你
直到生命的最後一刻。

你的天空

我從未真正留意
天空是何其美麗
直到我開始在無垠之中——

尋覓著你

我從未真正欣賞
陽光偶爾穿透雲霄
幻化出流光溢彩的
光影盛宴

但如今,彷彿是你
為我獨自登臺
閃耀開演

我坐在前排
沉浸於你耀眼的光輝
傾盡凡俗的力氣
感受你魂靈的貼近

我從未真正留意
天空竟能如此悸動人心
親愛的

直到我開始在其中
尋覓著你
直到它成為你的天空

從此,我每日仰望
尋找你的天空
直到地老天荒,矢志不渝。

人群中的太陽

每個人都認識
一個已然遠去的靈魂人物
每個人都知道
有一個人
永遠掛著燦爛的笑容
卻太早地離我們而去

許多人,時常會這麼說:
「他們看起來,一點也不悲傷啊。」

所以,我們應該更加留心注意
那些人群中的太陽吧
那些
笑得最燦爛的人
與那些從不哭泣的人

別再讓他們轉移話題
別再讓他們用玩笑和閃爍的言語
岔開你的問題
讓我們多問他們一次
甚至碰碰運氣，再試一次——
你，真的還好嗎？

那些人群中的太陽啊，總是如此
因為他們明白
痛楚如何在一顆心中刻鏤

所以，他們選擇散播光明
悄悄掩飾內心的黑暗

讓我們立下心願
守護這些尚未雕琢的璞玉
你和我
我們無法再承受，失去這樣珍貴的存在。

為他們吸一口氣

當悲傷
壓得你喘不過氣
請為自己
深深吸一口氣
也為再也無法呼吸的人

吸一口氣

讓賦予生命的珍貴空氣
一點一滴，滲透每個細胞
充盈你的肺
津潤你的腦
你的心
你的身

感受生命

當悲傷讓你窒息時
請深深吸一口氣

也為再也無法呼吸的人
吸一口氣
一口如奇蹟般的氣息

這一口氣,會支持你繼續往前走

而他們,也會感受到。

如果希望化作一個人，
她的膝蓋必定沾滿泥巴，指甲縫藏著汙垢，
臉上雖然滿是淚痕，卻依然揚起微笑，堅定不屈。

If hope were a person she would have mud on her knees, dirt under her nails and determination on her tear-stained but smiling face.

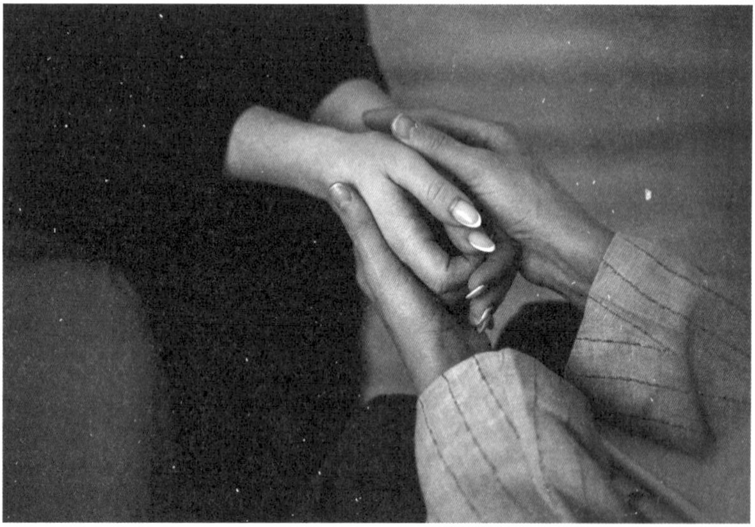

姊妹情誼

每當我在人生中作繭自縛時,總有女人前來拯救我。她們提醒我,我是由什麼構成,又將蛻變為什麼樣的人。她們打破我的繭,伸出雙手將我拉出,讓我不僅能夠再次飛翔,還飛得比以往更高、更遠。

在那張由力量、支持和無聲理解交織而成的姊妹情誼之網,蘊藏著許多美好,承載著悠遠古老的歷史。請珍惜它,如同珍惜一份特別的禮物,因為,姊妹們,這份情誼,確實是無可取代的珍寶。

未說出口的愛

當你保持沉默
未曾說出口的讚許
埋藏在腦海中的美好思想
最終會變成什麼模樣？

每一份未曾訴說的想法
或許能融化一顆冰冷的心房
或許能在心靈播下種子
讓新的可能萌芽

那麼,那些我愛你呢？
那些湧上喉頭
卻在嘴邊徘徊
你從未說出口的愛

你的心早已裝滿
想說卻未曾出口的話語
別再讓真摯的愛意
淪為無謂的寒暄與客氣

你知道，文字擁有力量
它們承載意義
能夠帶著訊息
傳遞到遙遠之境

所以，下次聊天
當這份愛輕輕躍上你的舌尖
請鼓起勇氣說出口
讓它飛向
某人的心房。

生命與死亡

沒有什麼,比意識到「人終有一死」,更能激發對生命的熱情;也沒有什麼,比思索死亡,更能讓人真正擁抱生活。思索這條每個人終將踏上的道路,並非病態,而是一種對生命的肯定,它如同一劑強心針,能撼動靈魂,讓人驟然清醒,停下腳步,細細品味玫瑰的芬芳。它能迅速把我們拉回當下,讓我們以更清澈的雙眼、更敏銳的感官,去觀察,去珍惜,那些看似平凡無奇的周遭日常。

你感受到了嗎?歡迎你的加入。現在,讓我們開始真正生活,因為,我們沒有時間繼續浪費。

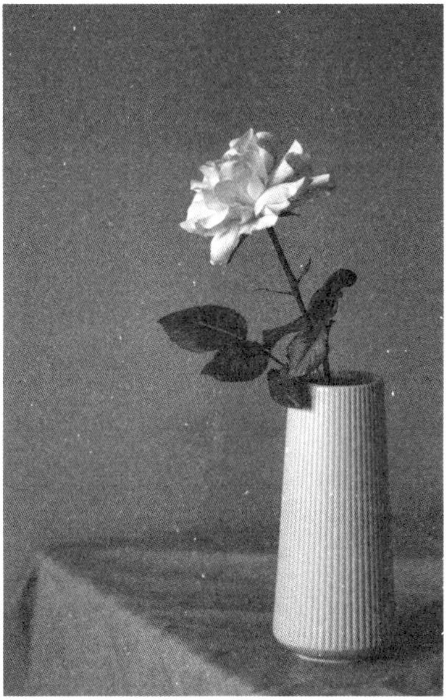

不為人知的光采

如果這個世界
一夜之間失去了所有基礎建設
而我們所有人都齊心協力,從頭來過
你會成為誰?

是規畫者,還是照顧者?
是採集人,還是治療師?
你可能會挺身而出,成為領袖
或化身農夫,在田野間耕耘
或用你的雙手,打造全新的事物
你也許會是那個,訴說故事的人
是音樂,或是藝術本身

或許,當生活變得簡單
我們便不用再苦苦尋找自己的天賦
一切將變得顯而易見

我們會拾起工具
發揮與生俱來的才能
那些我們的靈魂無師自通的事

如果你正懷疑自己不夠好
請記住
我們的存在並非為了瞬間綻放
化成一顆奪目的巨大光球
用光芒席捲世界

我們存在，只為了好好過日子

在你每天巧妙完成的事情中
已藏著無數技巧
無數不為人知的光采。

讓你的傷口癒合

　　讓你的傷口癒合吧！在它們恢復的過程中，別再去撓、別再去碰。修復創口、心靈與靈魂的過程，需要無比的勇氣，也蘊含著科學與魔力，以及無數的結束。讓它們癒合吧！別再壓迫它們，使它們隱隱作痛；發癢時，也請忍住別去抓。讓你的傷口癒合，親愛的。

　　在這一生中，皮膚縱使布滿了傷痕，那也無妨，甚至值得驕傲。但是，你沒有時間，帶著未癒合的潰爛傷口四處走動。就讓它們癒合吧！讓它們封閉，讓它們完全痊癒。總有一天，就在不遠的將來，你會伸出手指，輕撫那道閃著銀光的新生肌膚，回想起自己曾經克服的一切。

你擁有的

在某個地方,有人
喜愛你的屋房
羨慕你的車子
還有你不要的衣裳

在某個地方,有人
欣賞你的鼻樑
嚮往你的髮絲
狂野地恣意生長

對某處的某人
你的人生如夢似幻
是一則美麗的故事
而你,是故事中的女王

此時此刻，某個人
正悄悄道出心聲
願能如你高䠷
或似我玲瓏

然而我們站在這裡
懷揣相同的渴望
在這場人生遊戲中
總覺缺憾才值得珍藏

欣羨地望向他方
惦記自己未曾擁有的光
卻忘了感激
早已擁有的輝煌。

生活不完美，希望卻如花盛放

堅持

有時候，甚至將來還有更多這樣的時刻，我們怎麼找，也找不到答案。沒關係，答案從來不是那麼輕易就能獲得的。我認為，這樣的時刻，正是練習希望的時機，可以用來學會相信，學會臣服於那份領會——只要給予足夠的時間與空間，計畫終將浮現，路途也會在我們眼前展開，我們一定能找到出路。如同海潮輕輕托起瓶中信，生命也會繼續推著我們前進，總有一天，我們與瓶子都會抵達該去的地方。

有時，未知是最好的指引，讓我們學會相信，學會懷抱希望，學會堅持下去。所以，堅持下去吧，朋友，堅持住。

別讓憂慮伴你入夢

別讓憂慮伴你入夢
憂慮在床榻上,並非良伴
只會打斷你的安眠
編織蛛網般無謂的情節

它在你的心田播下種子
摧毀你澆灌的綠意
拔除花床間的百卉繁枝
讓荒蕪恣意蔓延生息

它偷走你珍貴的回憶
蒙上一層灰暗的陰霾
靠近你內心的純真孩子
嚇得她躲開不敢再來

親愛的,別讓它爬上你的床榻

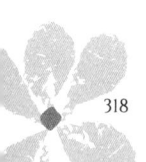

打開窗,把它驅之天涯
還有恐懼、完美與自我懷疑
也一併拋入無盡的黑夜

然後,趕緊關上窗戶
回到溫暖的被窩
篩選心中的每一個念頭
只許美好入座

讓希望與喜悅降臨
帶來安慰,帶來智慧,帶來真理
再添一份接納
讓平靜滋養你的心靈

別讓憂慮伴你入夢
憂慮在床榻上,並非良伴
生活壓力已經太多
別讓那怪物闖入你的腦袋。

這塊岩石

我們生存在
這塊擁有四十五億年歷史的岩石上
漂浮於無垠的虛空
你與我,還有八十億的生命
都被一股無形的力量緊緊牽引
穩穩立足於
這塊岩石之上

岩石上的萬物
無疑皆是巧奪天工的藝術品
其中蘊含的奧妙
我們永遠無法窺盡

我們與周遭的自然萬物
皆由相同的元素所構成
僅是排列與組合的不同

便創造出如此壯麗的奇景

朋友，看看我們
我們是何等非凡
僅僅是一息之間
那動作中的力量
已令人不由自主地
心生讚嘆

此刻的你正在做的事
閱讀、感受或是理解
都蘊含複雜與奇妙的情節
然而，我們卻日復一日
為了瑣碎的小事
憂心忡忡
忘了以更宏觀的角度

觀察人世

今日,請帶著敬畏的眼神
走過你的人生
細細品味每個時分

生活的每一個層面
無不充滿令人驚嘆的奇蹟
而我們輕易依賴的這塊岩石
又是何等的不可思議

睜開眼,伸出手,深深吸一口氣

將一切盡收心底

這塊岩石,我們的家園

在它的時間軸上
我們的存在
只是轉眼一瞬之間

只留下愛
只懷抱感恩與關懷
只帶著驚奇，凝望這份存在。

希望，
是在挫敗中依然會升起的
那股內在之聲，
輕聲說：我們明天再試一次。

Hope is the inner voice that rises up
through defeat and whispers,
we will try again tomorrow.

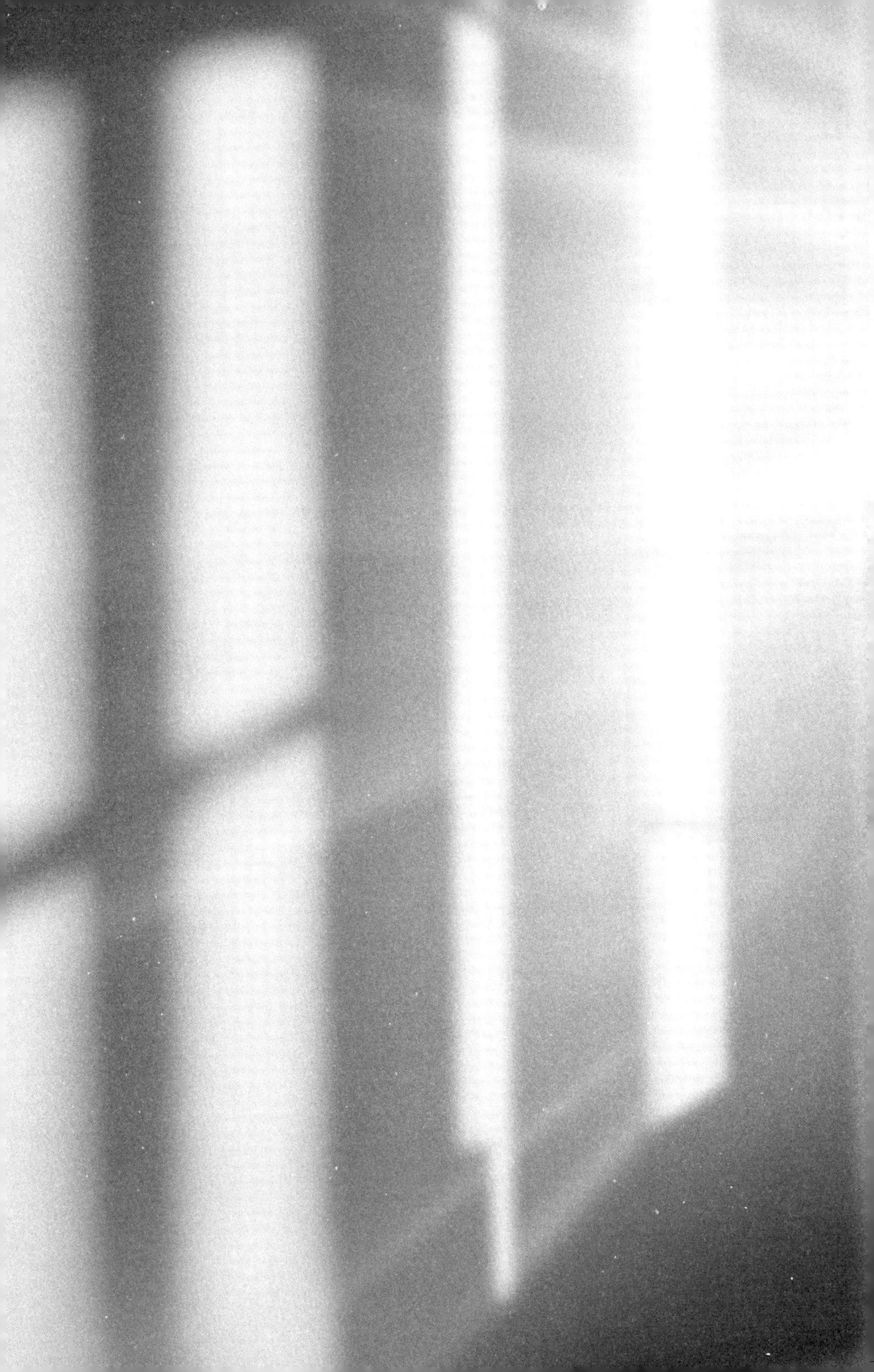

我真心希望

我希望,生命能為你帶來純粹喜悅的片刻。在那樣的片刻裡,除了「害怕它會結束」的恐懼,再無一物能干擾你的快樂。而我願你,拾起那份恐懼,像背包一樣將它甩上肩頭。你或許無法逃避它,但你絕對能帶著它繼續往前走,而且,你必須這樣做。

我也希望,當這片浩瀚無垠的星球向你展現它的寧靜,呢喃說美麗就藏在這裡時,生命也能帶給你片刻的完美平靜。我希望,你每天都能看到斑斕色彩;即使無聲時,也能聽到隱約的樂音。我希望,有那麼幾天,陽光溫暖,微風拂面,笑聲在空氣中縈繞。我希望,你偶爾能活在當下,與所有重要的事物建立連結。

我希望,今天就是那一天。我真心如此盼望。

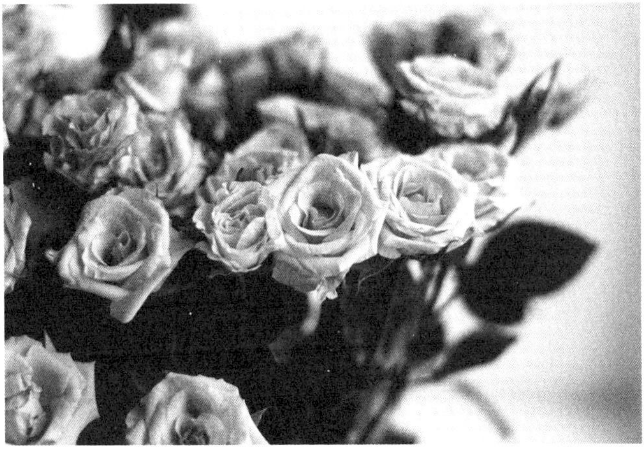

後記

感謝你閱讀這本書。希望在這裡，你找到了它，更期盼你找到了屬於自己的安全空間，可以真實做自己，哪怕擁有缺點也不必在意。這是一個每天提醒自己的機會——提醒你，無論生活多麼混亂、不完美，或是多麼美麗，最重要的永遠是：活在當下。來吧，和我一起坐下，無論你的心境是已經痊癒，或仍在悲傷、心碎當中，還是閃閃發光、傷痕累累，抑或正處於平靜之中，我都很高興你來了，無論你以何種樣貌到來。

謝詞

要感謝的人實在太多了，就讓我從那些關注我社群媒體的朋友們說起吧。這聽起來或許老套，但我真的好愛你們每一位！謝謝這群無條件支持我的女性（沒錯，就是你），每天與我分享她們的喜怒哀樂，讓我得以窺見她們的世界。正是這樣的交流，讓我能用文字回應你們的需求，也讓我們之間建立了深厚的情感。我由衷感謝你們，也珍惜你們每一位！謝謝你們，陪我一同走在這條路上，因為有你們，我從未感到孤單。

我還要特別感謝我的朋友 Jennie 和 Lynn，感謝你們一直以來的傾聽、陪伴與支持。還有我的姊姊 Nanette，她接替了祖母的角色，成為我最忠實的啦啦隊長與頭號粉絲。謝謝我的母親 Elizabeth，她從未停止成長，總是不斷進步，持續用她的人生旅程啟發著我。還有我的父親 Derek，他老是開玩笑說自己從來沒被感謝過（哈哈！）——但其實，你總是給我許多我甚至不知道自己需

要的建議，我愛你！最後，我要特別以文字向 Niomi 和 Emma 表達我的感激（我知道你們一定會很開心），你們讓我明白，真正的友誼不受時間與距離的限制。

還要特別感謝我的編輯 Susanna，在我最需要的時候，你帶給我冷靜、智慧與清晰的架構，與你合作，讓我有一種回到家的感覺。同時，也感謝 B&W Publishing 和 BonnierBooks 的團隊──能夠前往倫敦，感受這座大城市的熱情款待，真是一件令人愉快的事！

我還要特別感謝 Lisa Snowdon 和 Davina McCall，謝謝你們兩位如此出色的女性，給予我鼓勵與支持，讓我能夠自信地與這本書一同呈現自我。你們的生活如此繁忙，卻仍願意慷慨地撥出時間，這份心意令我無比感動。你們為更年期女性所付出的努力，猶如一道光，照亮了長久以來被忽視的角落，也讓許多可能因此迷失的人重拾希望。

最深的感謝獻給我的丈夫 Robert。無論遇到什麼挑戰，你始終站在我身旁，並且每天都努力成為更好的自己。你真的很了不起，能夠擁有你和我們的兒子，實在是我在這個世上最幸運的事。

也要感謝我的狗狗 Dave 和 Brian，牠們用擁抱和無條件的愛，讓我在工作日子中保持靈感和內心的平靜。

最後，在結束之前，我想緬懷黛博拉・詹姆斯（Deborah James）女士，她的《叛逆的希望》（*Rebellious Hope*，暫譯）深深啟發了我，也觸動了無數人。哦，黛博拉，你仍以許多種方式繼續活在這個世界上！我們與你同在，謝謝你。

國家圖書館出版品預行編目資料

生活不完美，希望卻如花盛放：在混亂與疲憊中，尋得內在的安穩力量 / 唐娜・阿什沃特（Donna Ashworth）著；呂玉嬋譯. -- 初版. -- 臺北市：日月文化出版股份有限公司，2025.09
336 面；14.7*21 公分. --（大好時光；99）
譯自：Wild hope : healing words to find light on dark days
ISBN 978-626-7776-04-9（平裝）
1. 自我實現
177.2　　　　　　　　　　　　　　　　　　　　　　114010039

大好時光 99

生活不完美，希望卻如花盛放
在混亂與疲憊中，尋得內在的安穩力量
Wild hope : healing words to find light on dark days

作　　者：唐娜・阿什沃特（Donna Ashworth）
譯　　者：呂玉嬋
主　　編：俞聖柔
校　　對：俞聖柔、張召儀
封面設計：之一設計工作室／鄭婷之
美術設計：LittleWork 編輯設計室

發 行 人：洪祺祥
副總經理：洪偉傑
副總編輯：謝美玲
法律顧問：建大法律事務所
財務顧問：高威會計師事務所
出　　版：日月文化出版股份有限公司
製　　作：大好書屋
地　　址：台北市信義路三段 151 號 8 樓
電　　話：（02）2708-5509　傳　　真：（02）2708-6157
客服信箱：service@heliopolis.com.tw
網　　址：www.heliopolis.com.tw
郵撥帳號：19716071 日月文化出版股份有限公司

總 經 銷：聯合發行股份有限公司
電　　話：（02）2917-8022　傳　　真：（02）2915-7212
印　　刷：軒承彩色印刷製版股份有限公司
初　　版：2025 年 9 月
定　　價：380 元
Ｉ Ｓ Ｂ Ｎ：978-626-7776-04-9

WILD HOPE: Healing Words to Find Light on Dark Days by DONNA ASHWORTH
Text copyright © Donna Ashworth, 2023
"Originally published in the English language in the UK by BLACK & WHITE PUBLISHING, an imprint of Bonnier Books UK Limited, London.
This edition arranged through BIG APPLE AGENCY, INC. LABUAN, MALAYSIA.
Traditional Chinese edition copyright:
2025 HELIOPOLIS CULTURE GROUP CO., LTD/PHOENIX CULTURE CO., LTD
All rights reserved."

◎版權所有・翻印必究
◎本書如有缺頁、破損、裝訂錯誤，請寄回本公司更換